AF325052

SOLFÈGES des ENFANS

ET DES

Écoles Primaires,

à l'usage des **COLLÉGES, PENSIONNATS, SÉMINAIRES,**

--PAR--

ALEXIS DE CARAUDÉ,

Membre du Conservatoire de France, Hon.ᵉ du Conservatoire Imperial et Royal d'Italie, de l'Académie Royale de Nancy, &.ᵃ

Cet ouvrage a été adopté par le **Ministre de l'Instruction Publique** pour l'Enseignement des **Colléges Royaux** et des **Écoles primaires.**

ŒUVRE 27,—SEPTIÈME ÉDITION.

Avec accompagnement de Piano 25ᶠ — Format in 8.ᵒ le Chant seul Prix net 2ᶠ 50.

A PARIS chez l'AUTEUR, Rue Neuve des Petits Champs, N.º 5 et chez les M.ᵈˢ DE MUSIQUE.
A BRUXELLES, A ANVERS ET A MAYENCE, chez les Fils SCHOTT.
A MILAN, chez GIOVANNI RICORDI.

MINISTÈRE
DE
L'INSTRUCTION PUBLIQUE.

UNIVERSITÉ DE FRANCE.

ADOPTION dans les ÉCOLES PRIMAIRES

et

COLLÉGES.

Le *Conseil Royal* de l'*Instruction publique*, a examiné, dans sa séance du 5 Septembre courant, le *Solfège des Enfants* Septième Édition, que vous avez présenté à l'adoption universitaire.

D'après la délibération du Conseil Royal, l'usage de cet ouvrage est autorisé dans les *Écoles primaires* et dans les *Colléges*.

Recevez Monsieur, l'assurance

de ma Considération Distinguée

Le Pair de France

Ministre de l'Instruction Publique,

VILLEMAIN.

M. de GARAUDÉ.

AVIS PRÉLIMINAIRE.

Six éditions de ces SOLFÉGES en France et dix à l'étranger, leur adoption, comme base de l'enseignement élémentaire de la Musique, dans les conservatoires de France, d'Italie, d'Allemagne, des Pays bas, &c. sont des garans irrécusables de leur grand succès.

Une SEPTIÈME ÉDITION avec accompagnement de Piano, sous le titre de SOLFÉGES DES ENFANS ET DES ÉCOLES PRIMAIRES, présentera beaucoup de nouveaux avantages, dont voici l'énumération:

1°. Elle se compose d'un certain nombre de leçons choisies dans la 6ᵐᵉ édition des SOLFÉGES d'A. DE GARAUDÉ, op. 27, lesquelles sont rendues plus faciles et moins hautes, ainsi que d'une grande quantité de Leçons entièrement nouvelles et spéciales, sous les formes Mélodiques les plus agréables, de manière à en former un ouvrage presque neuf. Toutes ces Leçons sont écrites *sans jamais dépasser l'intervalle de neuvième,* afin de ménager la poitrine des jeunes Élèves, trop souvent altérée par la fréquence des intonations hautes. Même en possédant ces notes, il vaut mieux ne pas les exercer.

2°. Au lieu d'accumuler, dès le commencement, les Principes par demandes et réponses, il ne sera fait mention d'aucun d'eux qu'au fur et à mesure que la progression des Leçons en fera sentir le besoin, en traitant de nouveaux articles dont l'Élève n'aurait point encore entendu parler.

3°. Cette progression de difficultés est rendue presque insensible, et les Élèves deviendront bons lecteurs, en moitié moins de tems, par la clarté de plan, de préceptes et d'exemples qui s'y trouvent. L'enseignement de cette SEPTIÈME ÉDITION sera tellement facile que *tous les parens, qui auront appris la Musique, pourront eux mêmes donner leçon à leurs enfans.*

4°. De bonnes *Études de SOLFÉGES* sont extrêmement nécessaires; mais l'aridité et l'absence de Mélodie, distinguée de la plupart de ces ouvrages, composés trop précipitamment, les rend extrêmement ennuyeux pour les jeunes élèves. Leur harmonie même est souvent ou commune ou d'une prétention à la science qui est déplacée dans ce genre d'ouvrage. Presque tous les auteurs de Grammaires ont eu le bon esprit de répandre de l'intérêt et du charme dans le choix des sujets et des phrases de leurs thèmes spéciaux. Le principal succès des divers SOLFÉGES d'A. DE GARAUDE est dû surtout à l'heureuse imitation de ce système qu'il a cherché à répandre dans ses ouvrages élémentaires, *lesquels il a médité longtems avant de les écrire,* étant convaincu qu'une Leçon de Musique ne doit jamais rebuter par l'ennui de sa facture. Elle doit, au contraire, inspirer et développer le goût de l'art, en accoutumant peu à peu l'élève à connaître et apprécier les divers styles usités par les meilleurs Compositeurs. L'intelligence musicale se forme ainsi, et alors l'étude d'un art, qui est presque entièrement *d'agrément,* ne provoquera plus les pleurs de l'enfance.

5°. L'auteur s'est bien gardé de commettre la faute d'introduire dans une MÉTHODE simplement de *première lecture musicale,* des petits abrégés insuffisans de la *science de l'Harmonie* et de *l'art du Chant.* La raison et la santé commandent d'attendre l'âge convenable pour commencer ces études avec quelque fruit. Il a préféré employer ces pages au moins inutiles à rendre *infiniment plus complet* tout ce qui a rapport au véritable but de l'ouvrage, c'est à dire: *créer de bonnes et conscienciouses* ÉTUDES DE SOLFÉGES, sans pouvoir être accusé de déception; car, même dans un *abrégé,* il y a des choses tellement essentielles qu'on ne peut les omettre, à moins d'en rendre le résultat à peu près nul. Il faut que les abrégés pour les enfans leur apprennent quelque chose qui approche d'une terminaison; une petite Histoire de France, qui s'arrêterait au règne d'Henri IV, serait insuffisante.

On aurait pu faire suivre cet AVIS PRÉLIMINAIRE d'une foule de Lettres laudatives et approbatives des nombreux *ouvrages classiques* de l'auteur, qui lui ont été écrites par de grands Artistes et Directeurs de Conservatoires; mais il n'a jamais considéré ces lettres que comme une *correspondance particulière,* non destinée à l'impression, et il a dû rejetter de tels moyens de succès.

S. A. R. MADAME LA DUCHESSE D'ORLÉANS a daigné souscrire à ces SOLFÉGES, pour S. A. R. MᵍʳˢLE COMTE DE PARIS.

G. 180.

MANIÈRE d'employer cette MÉTHODE DE MUSIQUE

dans les CLASSES NOMBREUSES.

(*) Le Piano du Professeur doit être placé de manière à ce que celui-ci puisse voir tous les élèves, lesquels seront assis en face du Piano et de chaque côté, afin de bien observer les mouvemens de la mesure. Celle-ci, avant chaque N° de Leçon, sera indiquée par le Maître, et battue par le meilleur élève de la classe, lequel, à cet effet, se tiendra debout, près de lui.

Chaque élève devra aussi la battre très régulièrement avec la main, et chanter à demi-voix, pour éviter la fatigue et la confusion des sons.

Il faut les diviser en plusieurs classes, proportionnées selon le degré des connaissances musicales qu'ils auraient acquises. Ceux *qui ne connaitraient point encore leurs notes* doivent étudier les premiers exercices qui leur donneront l'habitude de les bien lire; ensuite ils analiseront le tableau des *Valeurs* et des *Silences*, et repondront à toutes les questions qui y sont relatives, ainsi qu'à celles sur la *Gamme majeure*, puis ils solfieront les 9 Leçons sur cette gamme. En général, il est utile de faire entendre à la classe chaque leçon nouvelle, solfiée par un ou plusieurs élèves intelligens, avant de la répéter en choeur et même de *faire chanter seuls* ceux dont les progrès seraient trop retardataires.

Le Professeur expliquera ensuite tout ce qui a rapport aux *Intervalles naturels*, et il en fera solfier les diverses Leçons, en y apportant le même soin, et en faisant toutes les questions qui y sont analogues.

On suivra successivement la même marche pour chacun des articles de ces SOLFÉGES, en ayant l'attention de ne passer à un nouveau que lorsque les précédens seront parfaitement compris, et que les N°s de Leçons qui y ont rapport auront été solfiés avec exactitude. Chaque *fausse intonation* ou *manque de valeurs* doit être discerné et rectifié sur le champ, et l'élève qui l'aurait commis doit en recommencer la phrase tout seul. Chaque partie du texte explicatif doit être lue à haute voix et commentée par le Maître, avant de faire solfier les Leçons qui la suivent. Les questions multipliées (qu'il fera sous diverses formes) lui garantiront l'instruction suffisante de chaque élève. les nombreux préceptes fort clairs de cet ouvrage étant toujours immédiatement suivis de N°s de Leçons explicatives. On ne saurait trop recommander ceux indiqués pour la qualité du *timbre de la voix*, et pour la ponctualité musicale de la *respiration*.

Ces divers préceptes sont distribués graduellement dans les petits SOLFÉGES in 8°, dont les élèves doivent être munis, et leurs progrès dans l'enseignement musical dépendront de leur application plus ou moins zélée.

(*) Le Piano ou un petit Orgue sont les meilleurs moyens d'accompagner les Leçons de SOLFÉGES. Cependant, à défaut de ceux-ci, on peut en jouer les basses sur d'autres instrumens.

TABLE DES MATIÈRES.

SOLFÈGES DES ENFANS

Et des ÉCOLES PRIMAIRES.

PAR

A. DE GARAUDÉ.

*) On écrit la musique par la combinaison de sept *Notes, Do, Ré, Mi, Fa, Sol, La, Si,* qu'on place sur la *Portée;* on appelle portée cinq *lignes* parallèles tracées horizontalement, et qui renferment, par conséquent, quatre inter-lignes.

EXEMPLE

5me ligne. _____________ 4me interligne.
4me ligne. _____________ 3me interligne.
3me ligne. _____________ 2me interligne.
2me ligne. _____________ 1re interligne.
1re ligne. _____________

La position des notes sur la portée varie d'après le genre de *clef* qui y est placée sur telle ou telle ligne qui y donne son nom.

Il y a trois clefs, savoir la *clef de Sol,* qui se place sur la seconde ligne; la *clef de Do,* qui se place sur la première ligne, ou sur la deuxième, ou sur la troisième, ou sur la quatrième, et la *clef de Fa* qui se place sur la troisième ligne, ou sur la quatrième.

EXEMPLES 

Le but et l'emploi de ces diverses clefs est de pouvoir écrire, dans la portée, toute l'étendue des sons des diverses espèces de voix et d'instruments, depuis les plus graves jusqu'aux plus aigus.

Ces SOLFÈGES, étant spécialement consacrés à l'usage de la *clef de Sol* et de la *clef de Fa,* quatrième ligne, je me bornerai aux explications qui les concernent.

La note placée sur la première ligne se nomme *Mi;* sur la deuxième ligne *Sol;* sur la troisième ligne *Si;* sur la quatrième ligne *Ré;* sur la cinquième ligne *Fa.* EXEMPLE.

Exercice pour bien connaître ces cinq notes

La note placée dans le premier interligne se nomme *Fa;* dans le second interligne *La;* dans le troisième interligne *Do;* dans le quatrième interligne *Mi.* EXEMPLE.

Exercice pour bien connaître ces quatre notes

(*) Voyez Édition en 2e page 1.

Exercice réunissant toutes les notes sur les cinq lignes et dans les quatre interlignes.

D'autres Notes peuvent être aussi placées au dessous et en dessus de la Portée.

Outre le *Ré*, placé immédiatement au dessous de la portée, on peut ajouter plusieurs petites lignes, dites *additionnelles*. Sur la première se place le *Do*; sur la seconde le *La*; entre ces deux lignes le *Si*; et au dessous des deux lignes le *Sol*. EXEMPLE.

Exercice pour bien connaître ces cinq notes.

La note placée au dessus de la portée est *Sol*; sur la première ligne additionnelle *La*; sur la deuxième ligne *Do*; sur la troisième *Mi*; au dessus de la première ligne *Si*; au dessus de la deuxième *Ré*; au dessus de la troi_sième *Fa*, &. EXEMPLE

Exercice pour bien connaître les notes qui se trouvent au dessus de la portée.

Exercice pour nommer toutes les notes de la clef de *Sol*.

Pour éviter l'effet confus des lignes additionnelles placées au dessus de la portée, on surmonte les notes de ce signe 8e.............. qui signifie qu'on doit les exécuter à l'octave supérieure jusqu'au mot *loco*, ou en em_ployant une nouvelle clef, appelée *clef d'octave* 𝄞

EXEMPLES

La *Lecture musicale* offre deux principales difficultés dans l'appréciation de l'effet des Notes, savoir: leur *durée ou valeur de Notes*, et *l'intonation* de celles-ci qui dépend de leur distance entr'elles ce qu'on nomme *intervalle*. (voyez page 13.)

(*) La valeur des Notes s'indique par leur figure et le nom qu'elles représentent. Ce sont la *Ronde* ♦, la *Blanche* ♦, la *Noire* ♦, la *Croche* ♪, la *Double croche* ♫, la *Triple croche* ♪ &.

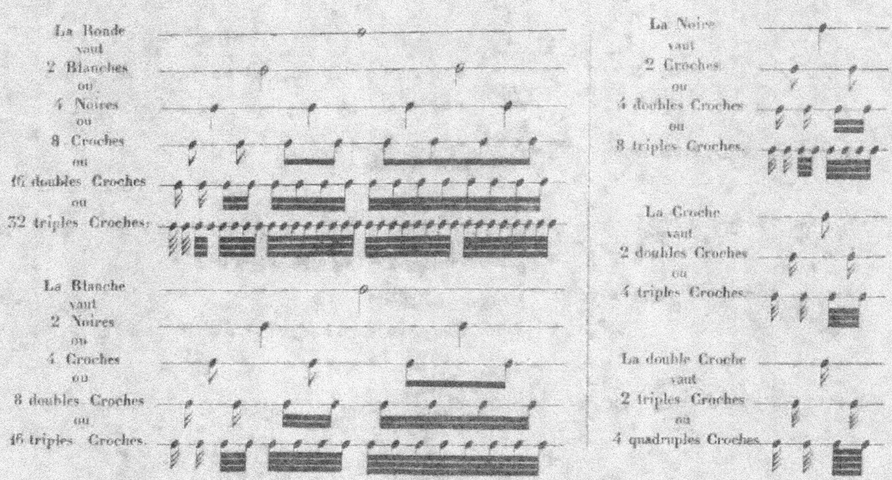

Les valeurs de Notes peuvent aussi être representées par des figures de *Silences*, équivalentes de leur durée. Telles sont la *Pause*, silence de la Ronde; la *Demi-pause*, silence de la Blanche; le *Soupir*, silence de la Noire; le *Demi-soupir*, silence de la Croche; le *Quart de Soupir*, silence de la double croche, le *Demi-quart de Soupir*, silence de la triple croche; &.

EXEMPLES.

Pause	Demi Pause	Soupir	Demi soupir	Quart de soupir	Demi quart de Soupir
▬	▬	𝄼	𝄾	𝄿	𝄿
vaut une Ronde.	vaut une Blanche.	vaut une Noire.	vaut une Croche.	vaut une double Croche.	vaut une triple Croche.

Les Silences de plusieurs mesures s'indiquent par des *bâtons de deux ou de quatre* mesures, surmontés d'un chiffre indicatif du nombre de ces mesures. EXEMPLES.

On entend par *Mesure* la division de la durée des Notes ou des Silences en plusieurs parties égales qu'on nomme *temps*, et qui sont renfermées entre deux petites barres verticales. EXEMPLE. on appelle

battre la mesure, marquer très également et exactement la division des temps par un mouvement du pied ou de la main. On ne saurait trop recommander de battre la mesure avec exactitude, pendant les premières années de leçons; c'est le seul moyen de devenir bon musicien et d'avoir de l'aplomb. Il faut éviter les grands mouvements en battant la mesure.

(*) Voyez édition in 4° page 2.   (G. 480)

Il y a trois sortes de mesures primitives qui sont, la *Mesure à quatre tems*, la *Mesure à deux tems* et la

Mesure à trois tems. EXEMPLES

DE L'ÉTUDE DES SOLFÉGES et DE LA RESPIRATION.

La *lecture musicale* est la première et la plus importante de toutes les études relatives à cet art; le degré de perfection qu'on peut y acquérir est la base des succès que l'élève se propose d'obtenir par la suite, et l'unique moyen d'arriver à ce but est de travailler avec le plus grand soin tout ce qui a rapport à l'étude des Solféges.

Solfier, signifie chanter en nommant les notes, en observant strictement leurs différentes valeurs, en partageant les divers tems de la mesure avec une égalité aussi régulière que le serait le balancier d'une pendule, et en continuant ainsi avec la même précision, jusqu'à la fin du morceau, sans se permettre le moin_dre retard, ni anticipation, ni sur les tems, ni sur les mesures.

La rareté des belles voix, dont on se plaint souvent, provient principalement *de ce qu'elles ont été gâtées, dans l'enfance, par l'étude de SOLFÉGES écrits trop haut, ou de ce que ces études ont été dirigées par des Maîtres sans expérience, qui n'y ont point apporté toutes les précautions nécessaires.*

On ne saurait trop répéter qu'on ne doit chercher à développer l'essor de la voix d'un jeune élève que lors_qu'elle a subi cette révolution de la nature qu'on appelle la MUE. Jusques là, on doit toujours solfier à demi voix. Le seul but des études de SOLFÉGES étant d'en exprimer parfaitement les valeurs de notes et les intona_tions, il devient aussi inutile que nuisible de chanter avec un degré de force qui fatigue la poitrine, et dé_truit la voix sans retour. Mais, quoiqu'en solfiant, le son de la voix doive être exempt de force, le maître doit veiller attentivement à ce qu'il soit émis naturellement avec une qualité pure, et sans qu'il soit jamais pris du nez ou de la gorge, ou écrasé d'une manière désagréable.

En solfiant les notes des SOLFÉGES, on doit articuler très nettement chaque consonne et donner aux voyelles le véritable son qu'elles doivent avoir. En faisant acquérir cette bonne habitude aux élèves, dès le commencement des leçons de Solféges, ils y trouveront plus tard l'immense avantage d'avoir une bonne pro_nonciation, s'ils deviennent Chanteurs.

Il y a quelques jeunes élèves dont la voix est absolument fausse, ou qui même en manquent à un tel point qu'ils ne peuvent parvenir à former aucune intonation. Cette sorte d'élèves, ne pouvant jamais chanter, se des_tine à l'étude de quelque instrument; mais celle des SOLFÉGES ne leur en devient pas moins indispensable, pour la lecture de la musique instrumentale. Ne pouvant leur faire chanter les Leçons de cet ouvrage, on les leur fera solfier *en parlant*, c'est à dire, en nommant les notes, en observant leurs diverses valeurs, et en battant la mesure; ne supprimant de la manière ordinaire de solfier que les intonations de ces notes.

La *respiration* est une espèce de *ponctuation musicale*. Si on en faisait usage sans discernement, on ferait de nombreux contresens dans les *phrases* de tous les genres de musique vocale.

Il existe des phrases en musique, comme dans le discours; elles se divisent aussi en diverses périodes, et en divers membres.

La phrase musicale est ordinairement composée de quatre mesures, souvent de deux, et quelquefois de trois.

Il est de règle de ne respirer qu'à la fin de la phrase, puisque ce n'est qu'alors que le sens des idées qui la composent est complètement terminé; cependant, on peut prendre des *demi respirations* après chacun de ses divers membres, où il est toléré de placer de petits repos intermédiaires. J'ai multiplié ces demi respirations, dans le cours de cet ouvrage, comme étant destiné à des enfans, ou à des jeunes gens dont la poitrine est encore faible. La respiration doit être prise avec aisance, sans faire entendre cette espèce de sifflement dans la bouche, qui en forme le défaut principal. Il faut éviter de la prendre au dernier instant.

Dans les leçons suivantes, il ne faudra donc respirer qu'aux endroits où il se trouvera une Virgule (') signe convenu pour indiquer la respiration, ou enfin aux divers silences qui s'y trouvent.

(*) De la GAMME.

On nomme ainsi une suite de Notes par degrés conjoints, qui montent ou descendent dans leur ordre successif, depuis la *Tonique* ou première note du ton, jusqu'à son octave. Ce ton est indiqué à la clef par les Dièses ou Bémols qui y sont placés. Lorsqu'il n'y en a aucun à la clef, on est dans le ton de *Do* majeur ou *La* mineur. Ceci sera expliqué plus tard. Maintenant, il suffira de savoir que, dans le ton de *Do* majeur, en ajoutant aux sept notes de la Musique *Do, Re, Mi, Fa, Sol, La, Si*, la répétition de la première note *Do*, cette suite de huit notes se nomme *Gamme diatonique*. Elle se fait en montant et en descendant. Ces notes sont séparées entr'elles par un intervalle nommé *Ton ou demi ton*. La Gamme d'un ton majeur quelconque contient toujours cinq tons et deux demi tons. Le premier demi ton se trouve toujours de la troisième à la quatrième note et le second de la septième à la huitième, qui est l'octave de la première. Un ton contient neuf *commas* ou neuvième partie d'un ton.

(1) Quelques maîtres enseignent à battre la mesure à deux tems, avant celle à quatre tems. Je pense que cette dernière est plus facile à concevoir pour l'élève; c'est ce qui m'engage à m'en servir d'abord. Au surplus, les maîtres qui ne partageraient pas cette opinion pourront supposer ¢ en tête des exemples suivants, au lieu du C puisque la valeur des Notes reste toujours la même, et que la seule différence consiste dans la manière de battre la mesure.

(2) Ces neuf premières Leçons sur la Gamme n'étant point des phrases musicales, on n'en a point indiqué les respirations.

(3) L'Accolade { ou [est un signe qui sert à réunir plusieurs parties d'un morceau en une seule et même ligne, afin qu'au bout de la ligne de chacune de ces parties on les reprenne à l'accolade suivante.

(4) *Barres de Reprise* ‖ Elle sert à indiquer qu'un morceau est terminé. Souvent, on la place au milieu d'un morceau, précédée ou suivie de deux points ‖: :‖ Ces deux points indiquent qu'on doit recommencer ce qui précède ou ce qui suit ces deux points, du côté où ils sont marqués.

(*) Même édition in 8°, page 9.

La même GAMME avec deux Blanches, qui valent chacune deux temps.

N.º 2

La même GAMME en Blanches ou demi pause, qui valent chacune deux temps.

N.º 3

La même GAMME avec des Noires et des Soupirs, qui valent chacun un temps.

N.º 4

(1) Faites compter un, deux, pour la demi pause.   (G _ 450)   (2) Faites compter un pour le soupir.

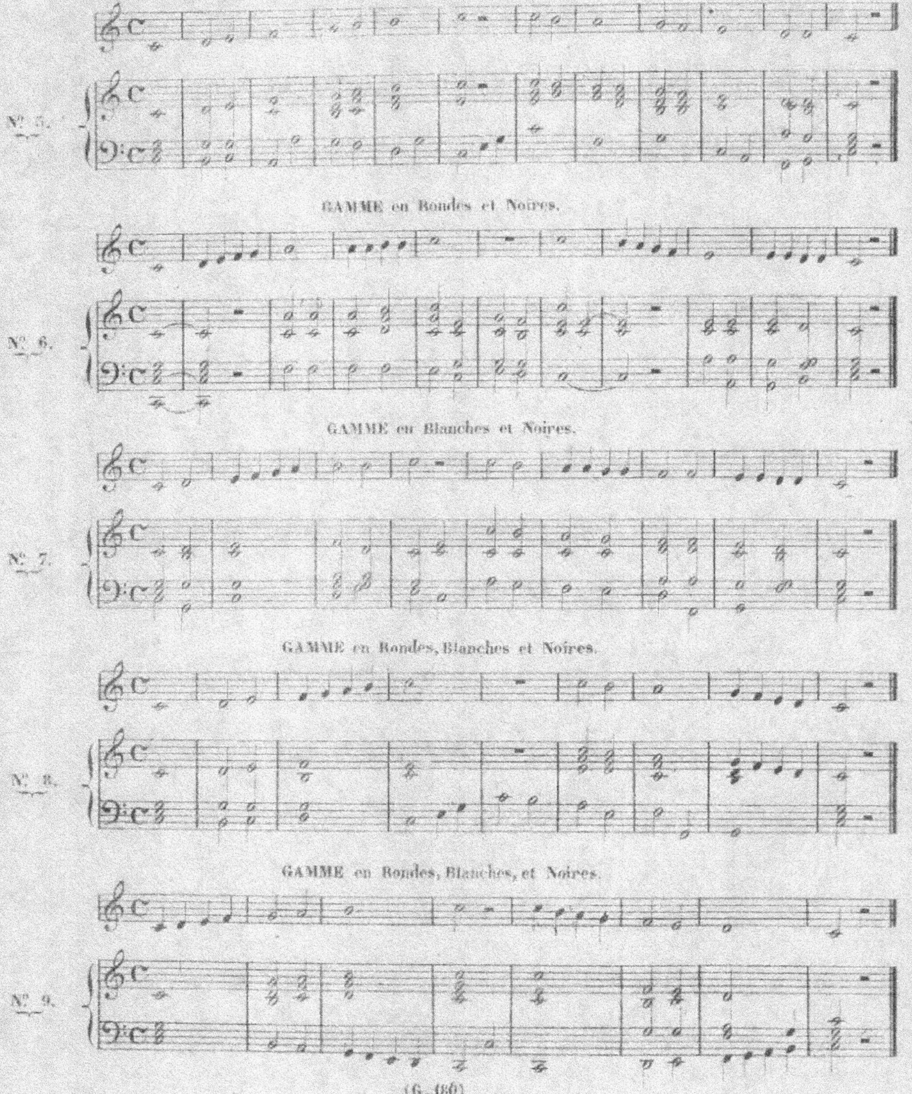

GAMME en Rondes et Blanches.
N.º 5.
GAMME en Rondes et Noires.
N.º 6.
GAMME en Blanches et Noires.
N.º 7.
GAMME en Rondes, Blanches et Noires.
N.º 8.
GAMME en Rondes, Blanches, et Noires.
N.º 9.

DES INTERVALLES NATURELS.

(*) On nomme ainsi ceux qui ne diffèrent point de la gamme d'un ton quelconque, indiqué à la clef. Un intervalle, c'est l'appréciation de la distance plus ou moins grande qui existe entre l'intonation d'une note et celle qui la suit ou qui la précède. Cette distance se compose de tons et de demi-tons.

L'étude des intervalles étant la science des intonations, elle devient un des éléments les plus indispensables de la **LECTURE MUSICALE.** Il est donc bien nécessaire d'accoutumer l'élève à les apprécier par le calcul intellectuel, et par le secours de l'oreille. Dans les leçons suivantes, il ne sera employé que les *intervalles naturels* de la gamme en *Do* majeur. Plus tard, je parlerai des *intervalles altérés* par les *Dièzes* ou les *Bémols.* Voyez page 36.

L'intervalle de *Seconde* est composé d'un ton; l'intervalle de *Tierce* de deux tons; l'intervalle de *Quarte* de deux tons et demi; l'intervalle de *Quinte* de trois tons et demi; l'intervalle de *Sixte* de quatre tons et demi; l'intervalle de *Septième* de cinq tons et demi; l'intervalle d'*Octave* de cinq tons et deux demi-tons.

EXEMPLE.

EXERCICES SUR LES INTERVALLES NATURELS.

1.er EXERCICE sur l'intervalle de *Seconde*, qui est composé d'un ton, ou d'un demi ton, lorsque la seconde est mineure.

MESURE à quatre tems; une blanche ou une demi pause pour deux tems.

(*) Voyez, édition in 8.° page

(G _ 180)

2me EXERCICE sur l'intervalle de Seconde avec une Noire pour chaque tems.
N.° 11.
3.me EXERCICE sur l'intervalle de Seconde avec des Rondes, Blanches et Noires.
La Basse marque chaque tems de la mesure.
N.° 12

Pour s'assurer que l'élève comprend et possède parfaitement bien les divers intervalles, le maître devra lui faire solfier, sans accompagnement, chaque dernier exercice, tel que le suivant et les autres du même genre ci-après.

1.er EXERCICE sur l'intervalle de *Seconde*.

Mesure à *deux tems*. Une Blanche ou une demi-Pause pour chaque tems.

Après chacun de ces derniers exercices, le maître choisira plusieurs notes quelconques, et fera chercher à l'élève, sans autre secours que celui de son oreille, l'intonation, d'après ces mêmes notes, de l'intervalle sur lequel il vient de s'exercer. EXEMPLE. L'élève entonnera l'intervalle de seconde supérieure, ensuite inférieure de chacune de ces notes.

On l'exercera de la même manière sur les intervalles de *Tierce, Quarte, Quinte,* &, lorsqu'il aura solfié le dernier exercice sur chacun de ces intervalles.

1.er EXERCICE sur l'intervalle de *Tierce* majeure, qui est composé de deux tons ou d'un ton et demi, lorsque la Tierce est mineure.

2.ᵐᵉ EXERCICE sur l'intervalle de *Tierce*.

3.ᵐᵉ EXERCICE Idem. TIERCES directes.
Mesure à *deux tems*. Une Blanche ou deux Noires pour chaque tems.

(*) 1ᵉʳ EXERCICE sur l'intervalle de *Quarte*, qui est composé de deux tons et demi.

(*) Voyez édition in 8°, page 14.   (G _ 180)   (†) Il faut soigner cette intonation assez difficile.

2.ᵐᵉ EXERCICE sur l'intervalle de *Quarte.*

No 18.

3.ᵐᵉ EXERCICE sur l'intervalle de *Quarte,* avec un Soupir (Silence de la Noire)
pour le premier tems de la mesure

No 19.

4.ᵐᵉ EXERCICE Idem. QUARTES directes.

No 20.

(*) 1.ᵉʳ EXERCICE sur l'intervalle de *Quinte,* avec un Soupir pour le dernier tems de la mesure.
Cet intervalle est composé de trois tons et demi.

No 21.

2.me EXERCICE sur l'intervalle de *Quinte*.

(*) DU POINT OU POINT D'ACCROISSEMENT.

3.me EXERCICE sur l'intervalle de *Quinte* avec des Blanches pointées. Le point placé après une Note l'augmentant de la moitié de sa valeur, la Blanche pointée vaut donc trois tems dans la mesure à 4 tems.

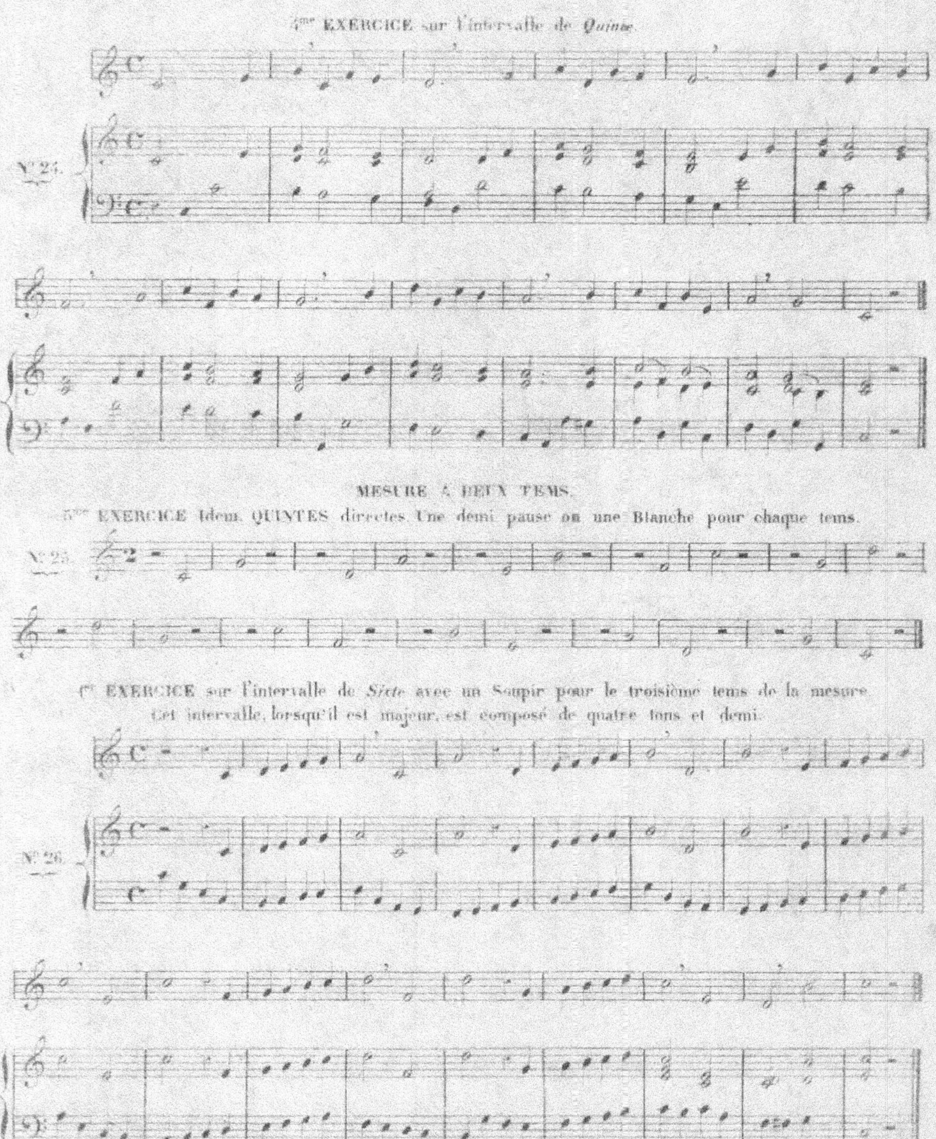
4me EXERCICE sur l'intervalle de Quinte.
No 24.
MESURE À DEUX TEMS.
5me EXERCICE Idem. QUINTES directes. Une demi pause ou une Blanche pour chaque tems.
No 25.
1er EXERCICE sur l'intervalle de Sixte avec un Soupir pour le troisième tems de la mesure.
Cet intervalle, lorsqu'il est majeur, est composé de quatre tons et demi.
No 26.

2.me EXERCICE sur l'intervalle de *Sixte.*
Mesure à *deux tems*; une Blanche ou deux Noires pour chaque tems.

N.° 27.

3.me EXERCICE sur l'intervalle de *Sixte.*
Une Blanche ou deux Noires pour chaque tems.

N.° 28.

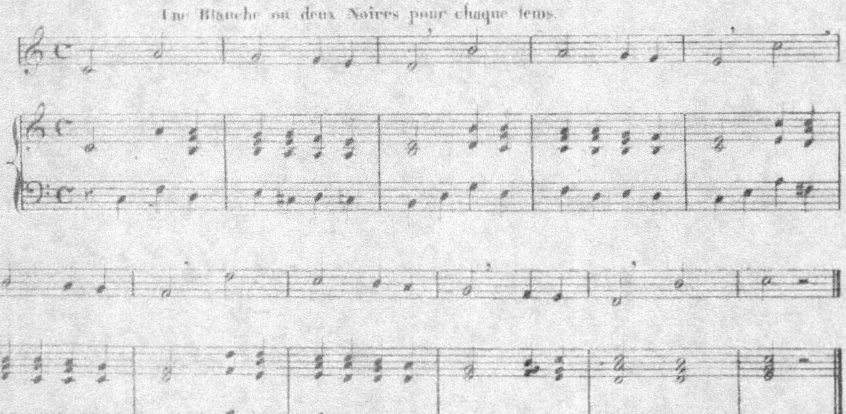

4.me EXERCICE Idem. SIXTES directes.

N.° 29.

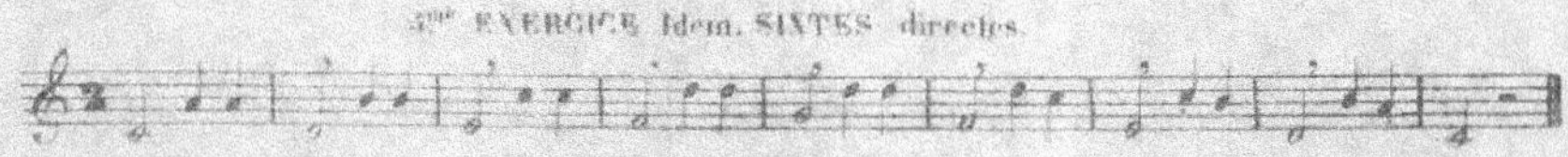

1ᵉʳ EXERCICE sur l'intervalle de *Septième*, qui est composé de cinq tons et demi lorsqu'il est majeur.

(*) 1er EXERCICE sur l'intervalle d'Octave, qui est composé de cinq tons et trois demi tons.
Nº 33
2me EXERCICE sur l'intervalle d'Octave.
Nº 34
Accord parfait majeur.
3me EXERCICE idem. OCTAVES directes.
Nº 35

EXERCICE
Pour la récapitulation des sept intervalles précédents.

EXERCICE
Contenant tous les intervalles naturels, depuis l'unisson jusqu'à la dixième.

EXERCICES pour se familiariser avec l'intonation du premier Dièze et du premier Bécarre.

(*) (Suite) Les Solféges, jusqu'au N.° 63 inclusivement, sont dans le ton de *Do* majeur. On verra page 44 ce qu'on entend par le mot *Ton*. Un grand nombre de ces Solféges n'ont aucune indication de *Mouvement*. Les Maîtres leur don_neront, en général, le *mouvement Moderato* plus ou moins lent, selon l'intelligence de leurs élèves, et d'après les progrès qu'ils auront faits. En général, il faut étudier lentement toutes les leçons de Solféges, jusqu'à ce que l'élève ait acquis assez d'habitude pour donner le mouvement qui est indiqué.

N.° 38.

N.° 39.

DIVERSES COMBINAISONS DE *Valeurs de Notes*, dans les mesures à 2 TEMS et à 4 TEMS.

(Nota.) Quelques une des Leçons suivantes portent la double indication de la mesure à Quatre tems et à deux Tems.
Il est bon d'accoutumer l'Elève à battre la mesure de ces deux manières, dans la même Leçon.

MESURE À DEUX TEMS deux Noires pour chaque tems.

N.º 40.

MESURE A QUATRE TEMS. La même Leçon réduite en Croches; deux pour chaque tems.

N.º 41.

Rondes et Croches.
N.º 42
MESURE A DEUX TEMS, Une Blanche ou deux Noires pour chaque tems
N.º 43
(G _ 186.)

MESURE À QUATRE TEMS, une Noire ou deux Croches pour chaque tems.
Réduction de la Leçon précédente
N.º 44.
MESURE À DEUX TEMS, deux Noires ou une Blanche pour chaque tems.
Leçon inverse du N.º 43.
N.º 45.
MESURE À QUATRE TEMS, deux Croches ou une Noire pour chaque tems.
Réduction de la leçon précédente
N.º 46.

N.º 47.
Inverse de la 1.re Reprise.
N.º 48.

MESURE A DEUX TEMS. Une Ronde pour deux tems ou deux Noires pour chaque tems.
N° 49.
MESURE A QUATRE TEMS. Une Blanche pour deux tems; deux Croches pour chaque tems.
Réduction de la leçon précédente
N° 50

Leçon inverse de
la précédente
N.º 51.
Fin.
Fin.
DC
RÉCAPITULATION des N.os 40 à 51.
N.º 52.
(*) Voyez, édition in 4.º page 26.
(G _ 170)

NOIRES et CROCHES.

N.º 55.
Inverse de la 1.re reprise.
N.º 56.
Inverse de la 1.re reprise.

N.º 57.
Inverse de la 1.ª reprise.
BLANCHES NOIRES et CROCHES.
N.º 58.

(G - 180)

RÉCAPITULATION des Nᵒˢ 53 à 61.

(*) DES INTERVALLES ALTÉRÉS ET DES SIGNES ALTÉRATIFS.

Les Dièzes ou Bémols, placés devant les Notes, en haussent ou en baissent l'intonation d'un *demi-ton*; par conséquent, ils *altèrent* les intervalles naturels de la Gamme dont on a parlé jusqu'ici, en y intro _ duisant d'autres *demi-tons Diatoniques* ou *Chromatiques*.

On nomme *Demi-ton Diatonique* ou *majeur* celui dont les deux notes ont un nom différent, et *Demi-ton Chromatique* ou *mineur* celui dont les deux notes se nomment de même.

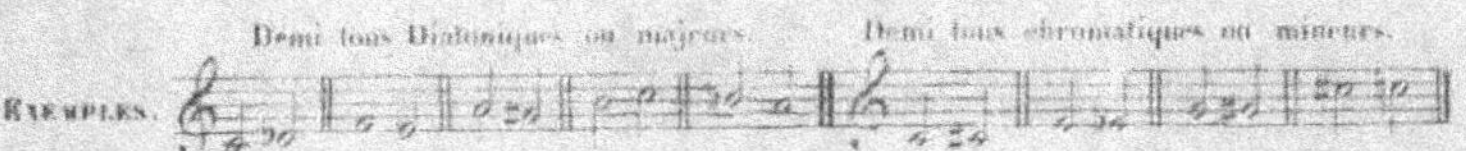

Chaque intervalle peut être *majeur, mineur, augmenté* ou *diminué*, selon le nombre de tons ou demi _ tons dont il est composé: ce qui produit donc trois espèces de Secondes, autant de Tierces, de Quartes, &.

Chaque intervalle naturel ou altéré peut être *renversé;* c'est à dire qu'on peut mettre au grâve la note de cet intervalle qui était à l'aigu, et *vice versa;* alors l'Unisson devient *Octave,* la Seconde devient *Septième,* la Tierce devient *Sixte* &. L'exemple et le tableau suivant feront connaître les diverses *alté _ rations* et *renversements* des intervalles.

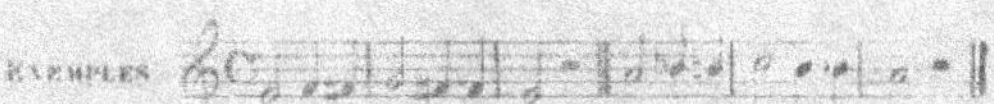

Les signes alternatifs sont le *Dièze* (♯,) dont l'effet est de hausser d'un demi-ton l'intonation de la no _ te qui le suit, le *Bémol* (♭,) qui la baisse d'un demi-ton, le *Becarre* (♮,) qui la remet dans son intonation précédente.

Il y a sept Dièzes qui se placent par quintes en montant, et par quartes en descendant, et sept Bémols, qui se placent par quarte en montant et par quinte en descendant.

EXEMPLES

L'effet des *doubles Dièzes* (𝄪) est de hausser d'un ton l'intonation d'une Note ou d'un demi _ ton celle qui est déjà altérée par un Dièze.

L'effet du *double Bémol* (♭♭) est de baisser d'un ton l'intonation d'une Note ou d'un demi-ton cel _ le qui est déjà altérée par un Bémol.

(*) Tableau des INTERVALLES et de leurs RENVERSEMENS.

Les élèves devront étudier et analyser ce tableau, dont il résulte les trois règles suivantes:

1.º Tout *intervalle majeur* devient *mineur*, et tout *intervalle mineur* devient *majeur*, étant *renversé*.

2.º Tout *intervalle augmenté* devient *diminué*, et tout *intervalle diminué* devient *augmenté*.

3.º Tout *intervalle juste* reste de même, étant *renversé*.

Dans les *intervalles naturels*, les demi-tons qui en font partie sont toujours majeurs ou *diatoniques*. Les *intervalles altérés* présentent souvent, au contraire, une autre espèce de demi-tons, qui se nomment *chromatiques*.

L'emploi successif des Dièzes et des Bémols produit aussi quelquefois ce qu'on entend par *Notes Enharmoniques* ou *Synonimes*. Ce sont deux notes de noms différents, dont l'intonation est la même, et qui est produite par la même touche sur le Piano. Il y a cependant entre ces deux notes la différence d'un *Comma*, ou neuvième partie d'un ton.

EXEMPLES.

C'est de l'emploi successif des *intervalles altérés par les Dièzes ou par les Bémols* que provient la GAMME CHROMATIQUE, qui procède toujours par semi-tons. Elle s'écrit selon les deux manières ci-après.

GAMME CHROMATIQUE ascendante et descendante, *produite par les Dièzes.*

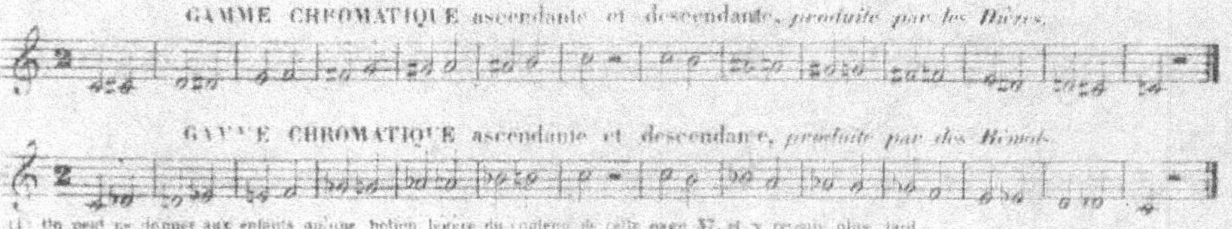

GAMME CHROMATIQUE ascendante et descendante, *produite par des Bémols.*

(1) On peut ne donner aux enfants qu'une notion légère du contenu de cette page 37, et y revenir plus tard.
(*) Voyez édition in 8.º page 36.

(*) Leçon sur les INTERVALLES ALTÉRÉS.

N.º 65

(1) Le plan de cet ouvrage m'a force de placer ici ce N.º Cependant, si on le trouvait trop difficile pour quelques élèves, on peut le passer provisoirement et y revenir plus tard.

(*) Voyez l'observation N.º page 52.

(G _ 180)

(*) DES MODES.

Il y en a deux: le *Mode majeur*, dont la tierce est toujours majeure: c'est à dire, composée de deux tons, et le *Mode mineur*, dont la tierce est composée d'un ton et d'un demi-ton.

EXEMPLE.

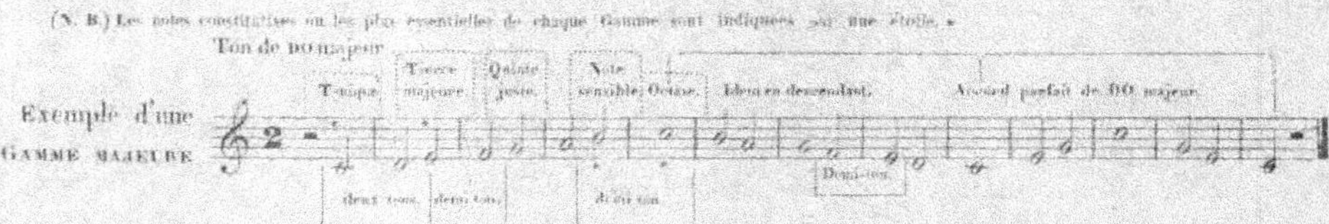

Dans la *Gamme majeure*, (qui, ainsi que la *Gamme mineure*, peut se faire dans tous les tons) les deux demi-tons se trouvent toujours placés de la troisième à la quatrième note, et de la septième (*note sensible*) à la huitième qui est l'octave de la première note ou Tonique.

(N. B.) Les notes constitutives ou les plus essentielles de chaque Gamme sont indiquées par une Étoile. *

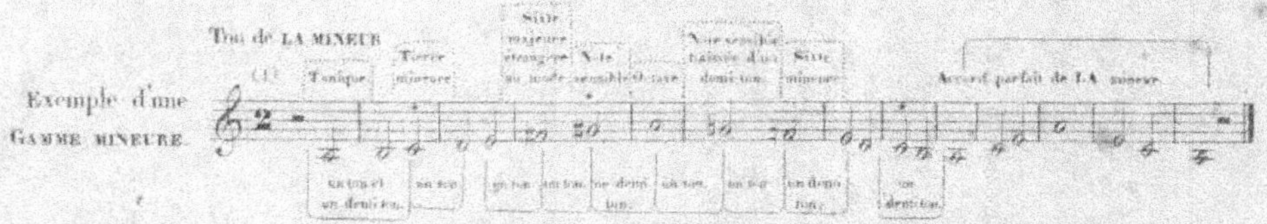

Dans la *Gamme mineure*, le premier demi-ton se trouve placé de la deuxième à la troisième note, et lorsque cette dernière Gamme est *descendante*, la septième note ou note sensible se baisse d'un demi-ton.

Il est aussi d'usage, dans la Gamme mineure *ascendante*, de rendre la sixte majeure en formant l'intervalle d'un ton, de la cinquième à la sixième note, afin d'éviter l'intervalle de *Seconde augmentée*, de la sixième à la septième note qui est difficile à entonner et dont l'effet est dur à l'oreille.

(N.B.) Ces deux Gammes, *Modèles* de tous les tons majeurs et mineurs, doivent être étudiées et analysées par les élèves.

Il est extrêmement essentiel que l'élève puisse acquérir une grande habitude de familiariser son oreille avec la gamme et l'*accord parfait* du ton de tous les morceaux qu'il chante. J'engage donc les Professeurs à faire toujours précéder l'étude de chaque leçon de SOLFÈGES par la gamme et l'accord parfait du ton de cette Leçon, selon l'un des modèles ci-dessus, et ci après, sans aucun accompagnement.

Beaucoup de Gammes dans tous les tons doivent être considérées comme *Exemples* étant trop basses ou trop hautes pour être solfiées.
(*) Voyez, édition in 8.° page 35.

(N.B.) Pour s'assurer que l'élève comprend très bien la différence des deux Modes Majeur et Mineur, le Professeur emploiera ici le moyen indiqué page 124.

LEÇON en LA *mineur* avec des intonations dispositives. (2)

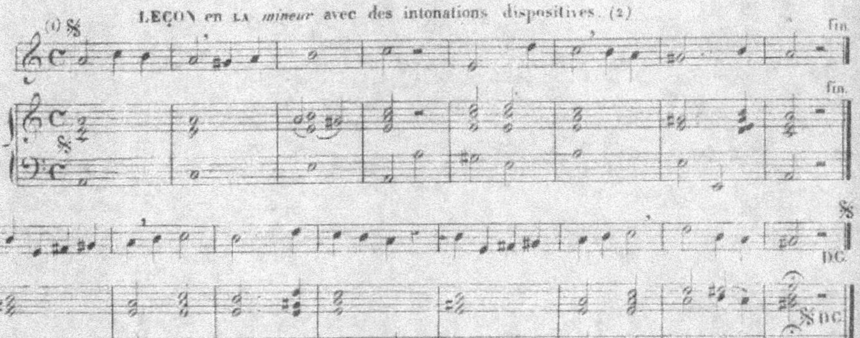

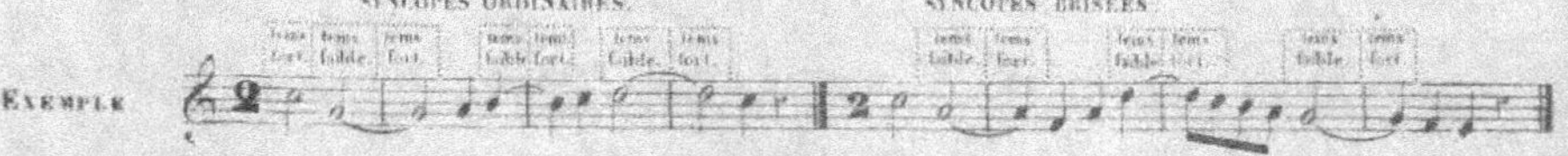

(*) Des SYNCOPES

On nomme ainsi la prolongation sur un *tems fort* (qui a plus de poids et d'effet) d'un son commencé sur un *tems faible*, et qui se trouve coupé par le frapper de la mesure.

La *Syncope ordinaire* se compose de deux valeurs égales. Dans la Syncope brisée, la seconde valeur est moindre que la première.

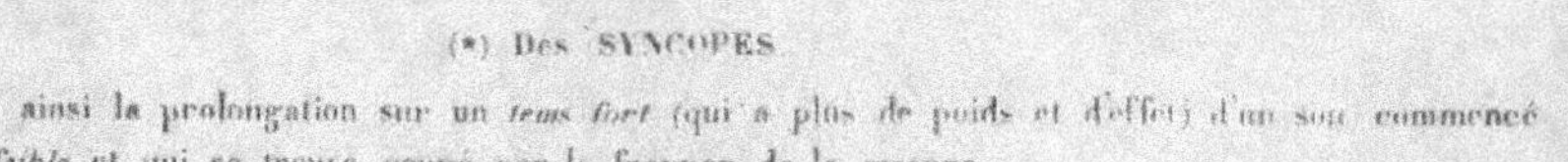

(1) *Signe de Renvoi.* N. Il indique qu'il faut reprendre à un autre signe semblable. Il est ordinairement suivi de D.C. ou *Da Capo*.

(2) Je nomme ainsi une LEÇON composée des intervalles naturels de la Gamme, de l'Accord parfait, et de la note sensible du ton indiqué à la clef, et où le retour fréquent de la Tonique puisse accoutumer l'oreille de l'élève à saisir facilement les intonations dont elle est la base.

(3) ↷ *Point d'orgue* ou *tems d'arrêt.* Il peut se placer sur les Notes ou sur les Silences. Exemple

(*) V. ... page 35

Deux Blanches liées, formant SYNCOPE.

N.º 6.

Réduction de la Leçon précédente; deux Noires liées formant SYNCOPE.
N.º 7.

Une Blanche formant SYNCOPE entre deux Noires, sans liaison.
Fin.
Fin.
N.º 68.
D.C.
N.º 69.
Inverse de la l'Empaise.
N.º 70.
(G - 120)

(*) SYNCOPES BRISÉES.

(*) DE LA MANIÈRE DE CONNAÎTRE LE TON D'UN MORCEAU DE MUSIQUE.

On peut connaître dans quel ton un morceau de Musique est composé par les Dièzes ou Bémols qui se trouvent à la clef, ou par l'absence de ces signes altératifs.

Ces signes indiquent toujours deux tons; l'un majeur, l'autre mineur, duquel la Tonique ou *note du ton* se trouve toujours une tierce mineure au dessous de la Tonique majeure.

EXEMPLE AVEC DES DIÈZES.   EXEMPLE AVEC DES BÉMOLS.

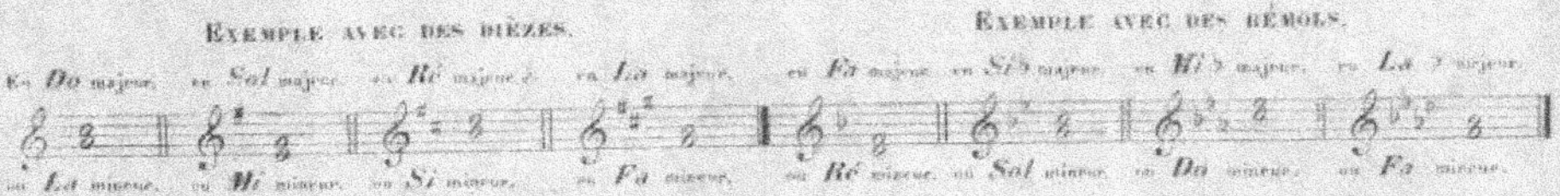

Lorsqu'il n'y a ni Dièzes ni Bémols à la clef, on est en *Do* majeur, ou dans son *ton relatif* qui est *La* mineur. Lorsqu'il y a des Dièzes, la Tonique en majeur se trouve un demi-ton au dessus du dernier Dièze, qui en est la note sensible. Lorsqu'il y a des Bémols, la Tonique majeure se trouve une quarte au dessous du dernier Bémol. Lorsqu'il y a plusieurs Bémols, l'avant dernier est toujours la Note du ton majeur.

Pour discerner, a l'inspection de la clef, dans lequel des deux Modes est un morceau, on cherche dans les premières mesures du chant ou de la basse *si la quinte du Ton majeur présumé est juste;* dans ce cas, on est dans ce Ton. Si, au contraire, *cette quinte est augmentée*, elle devient note sensible du ton relatif mineur.

EXEMPLES.

Cette règle est la même pour les tons bémolisés; au surplus, la dernière note de la Basse d'un morceau est invariablement la Tonique.

Gamme en SOL majeur.

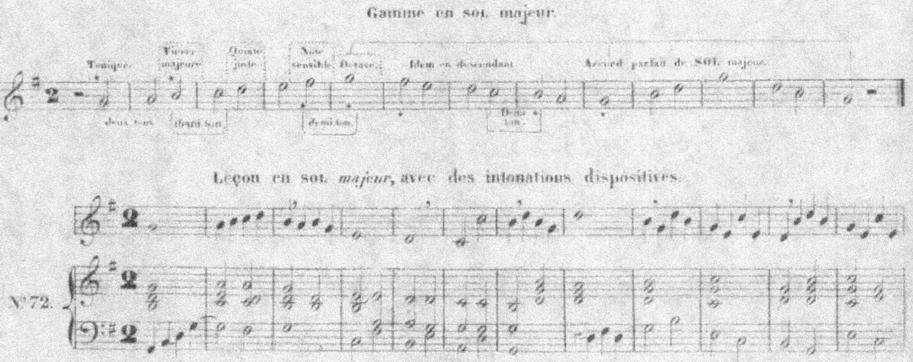

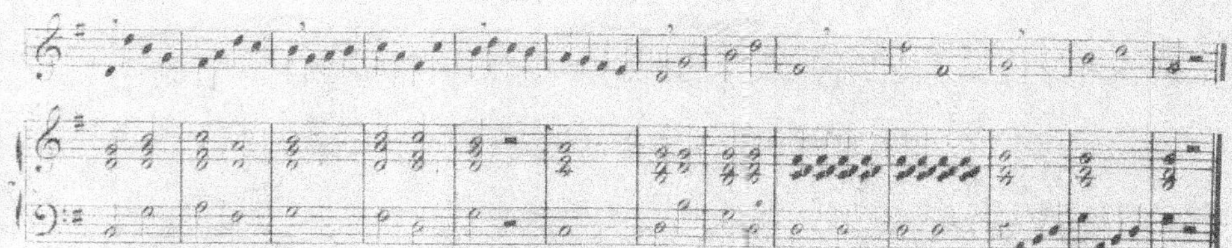

(*) Réduction de la leçon précédente,

pour faire connaître la MESURE A DEUX QUATRE, dont la valeur des Notes est de moitié moindre que celle de la *mesure à quatre tems* ou à *deux tems*; elle se bat à deux tems

N° 73.

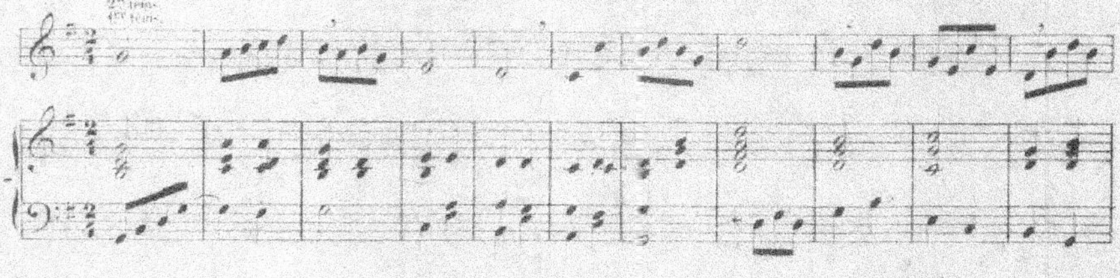

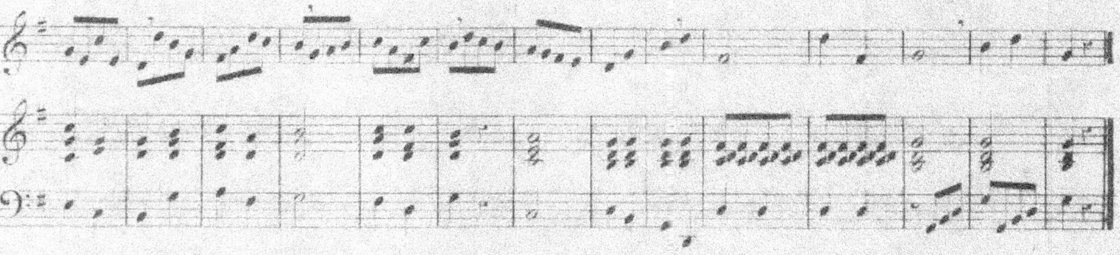

N° 74.

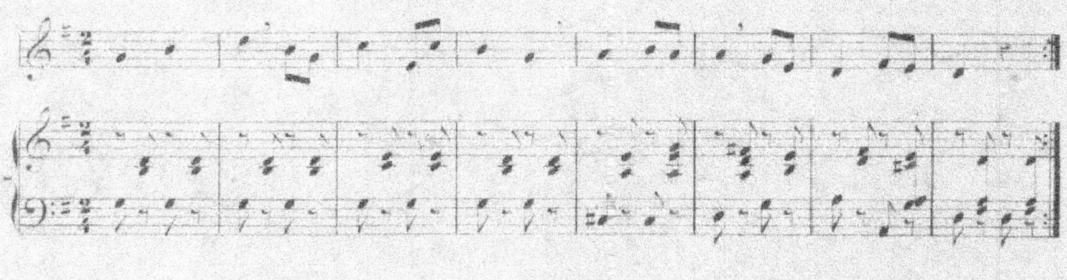

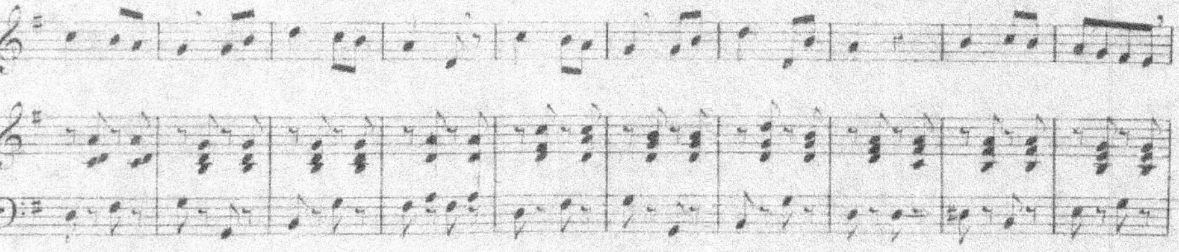

(*) Voyez édition in 8°, page 59.

46
Nº 75.
(G._180)

(*) Diverses Combinaisons de NOTES POINTÉES. (Voyez Pages 18 et 19)
une BLANCHE POINTÉE pour un tems et demi de la mesure à deux tems.

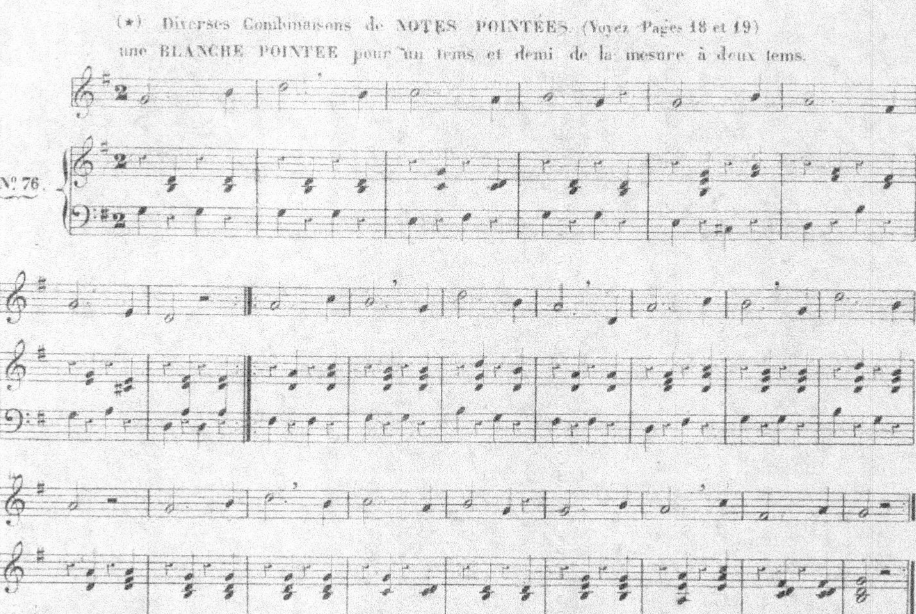

Réduction de la Leçon précédente;
une Noire pointée pour un tems et demi de la mesure à deux quatre.

MESURE A DEUX TEMS;
une Noire pointée et une Croche pour chaque tems.

Rédaction de la Leçon précédente;
une Croche pointée et une Double Croche pour chaque tems de la mesure à deux quatre.

N.º 80
Inverse de la première reprise.
N.º 81

N.° 82.

(*) DES MOUVEMENS.

On entend par *mouvement* le degré de lenteur ou de vitesse qu'on donne à la mesure.

Ils se divisent en trois classes principales:

1.° Les *Mouvements lents* qui sont:

Grave	Grave et sévère.
Largo	Large et très lent.
Larghetto	Un peu moins lent.
Lento sostenuto	Lent et soutenu.
Adagio	Lent avec noblesse.
Cantabile	Un peu moins lent, en chantant avec grâce.

2.° Les *Mouvemens modérés* qui sont:

Andantino	Diminutif d'*Andante.*
Siciliano	Même mouvement d'un rythme plus marqué.
Maestoso	Majestueux.
Grazioso	Avec grâce.
Andante	Mouvement marqué et très modéré.
Allegretto ou *All.tto*	Un peu plus vite que *l'Andante.*
Tempo giusto	Mouvement convenable au morceau.
Tempo di marcia	Mouvement de marche.
Moderato	Mouvement modéré.

3.° Les *Mouvements vifs* qui sont:

Allegro ou *All.° ma non troppo*	Moins vite que *l'Allegro.*
Allegro ou *All.°*	Mouvement vif et gai qu'on peut accroître en y ajoutant les mots *assai* ou *vivace* ou *molto* ou *con moto.*
Presto	Vite.
Prestissimo	Très-vite.

Il y a encore quelques autres mots italiens adaptés aux mouvements, ce sont: *Agitato,* agité; *più mosso,* plus animé; *con brio,* avec éclat et gaité; *scherzando,* en plaisantant a. Dans le courant du morceau on trouve souvent *ad libitum* ou *a piacere,* à volonté; *colla parte* ou *colla voce,* suivez la voix; *a tempo,* premier mouvement; &.

(*) Voyez, édition in 8.º, page 45.
(†) Les mouvemens indiqués doivent être proportionnés aux progrès que l'élève aura fait dans la lecture musicale.

Réduction de la Leçon précédente. Syncopes de Noires et de Croches.

Andantino.
N° 87.

RÉCAPITULATION des SYNCOPES depuis le N° 84
Andante.
N° 88
Gamme en FA majeur.
Tonique
Tierce majeure
Quinte juste
Note sensible
Octave
Idem en descendant
Accord parfait de FA majeur
deux bis
demi ton
demi ton
demi ton
Leçon en FA majeur avec des intonations dispositives.
And.te Grazioso.
dol
N° 89
dol
mf
mf

55
dol.
dol.
cres.
cres.
f
f
(G. 18)

DIVERSES COMBINAISONS DE SILENCES

(*) Leçon pour observer le Soupir au commencement et à la fin de chaque mesure.

N.º 90.

Inverse de la 1ʳᵉ reprise.

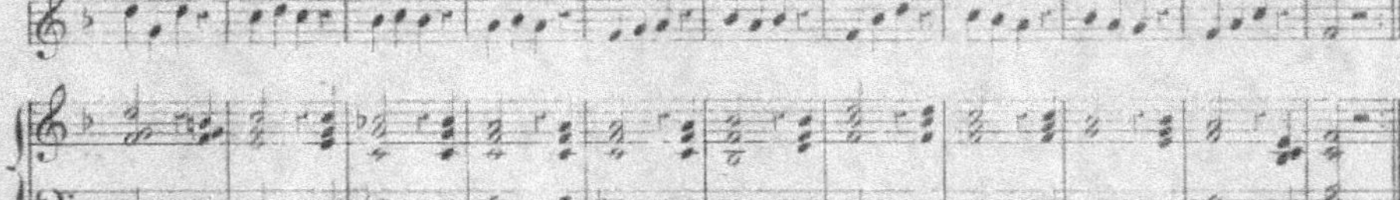

Réduction de la Leçon précédente,

pour observer le demi Soupir au commencement et à la fin de chaque mesure

N.º 91.

Inverse de la 1ʳᵉ reprise.

(*) Voyez édition in 12. page 48.　　　　(G. 180)　　(1) On peut battre cette mesure à deux temps.

All⁰ ma non tanto.
N° 92.
Inverse de la 1.re Reprise.
Réduction de la Leçon précédente.
N° 93.
Inverse de la 1.re Reprise.

RÉCAPITULATION des SILENCES depuis le N°90

(*) DES NUANCES.

On entend par *Nuance* le degré de force ou de faiblesse qu'on donne au son: ce qui devient en quelque sorte les matériaux de l'expression musicale, sans laquelle la Musique n'est qu'un froid assemblage de Notes. Il est utile d'accoutumer de bonne heure les Élèves à apprécier les effets qui résultent des oppositions des sons doux ou forts. Les Nuances s'indiquent par les signes ou mots italiens suivants.

Piano ou *dolce*, par abréviation *p* ou *dol*.............. doux.
Pianissimo.....................*pp*.....................très doux.
Crescendo ou...........*cres*, en augmentant la force du son.
Decrescendo ou..........*decres*, en diminuant la force du son.
⎯⎯ ⇒ ⎯ son filé... réunion des deux signes précédents.
Mezzo forte..............*mf* ou *mez f*............Demi-fort.

Forte.....................*f*.....................Fort.
Fortissimo.................*ff*.................Très fort.
Sforzando ou *Rinforzando, sf* ou *rinf* ou *rf*, en renforçant le son subitement.
Smorsando ou *Diminuendo, Smorz.* ou *dim.* } en diminuant le son peu à peu.
Calando..

Gamme en RÉ mineur, ton relatif de FA majeur.

All° maestoso — Leçon en *Ré* mineur avec des intonations dispositives

All.º maestoso.
N.º 96.

Réduction de la Leçon précédente.

(*) DES SILENCES POINTÉS.

Les Silences remplacent la valeur des notes, ils peuvent donc aussi, comme elles être pointés.
la Leçon suivante servira d'exercice à ce sujet.

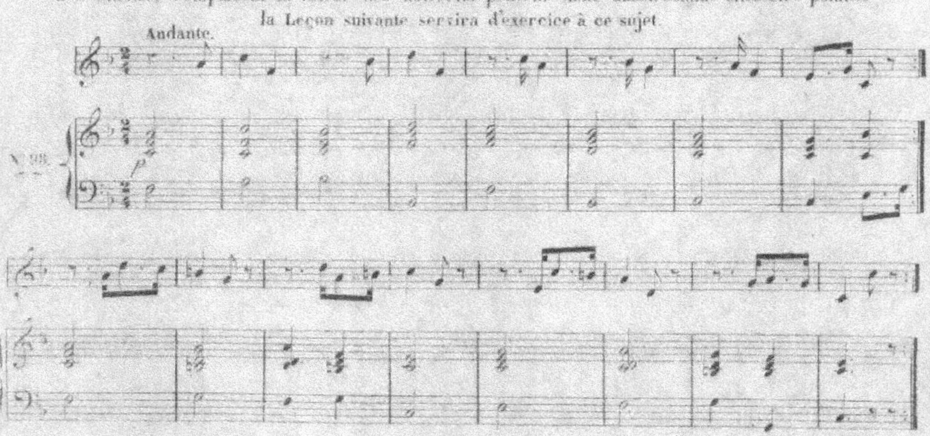

Des TRIOLETS ou TRIADES.

On nomme ainsi trois Notes d'égale valeur qui doivent s'exécuter dans le même espace de tems que le seraient deux Notes de même figure. On les surmonte ordinairement d'un 3 ou d'un 6 lorsque deux triolets se trouvent réunis, étant crochés ensemble. Quelquefois cependan ces chiffres sont supprimés le nombre des Notes indiquant suffisamment que ce sont des Triolets.

Un Silence quelconque mêlé avec deux notes équivalentes forme aussi un Triolet. La valeur en est la même.

Un demi-Soupir et deux Croches formant Triolet pour chaque tems.
Nº 100

Moderato
dol.
N.º 101

(*) Leçons pour exécuter les Croches simples, avant ou après les Triolets.

(G - 180)

MESURE A DEUX TEMS;

quatre croches pour chaque tems.

Réduction de la Leçon précédente.
MESURE A DEUX QUATRE.
(*) Quatre doubles Croches pour chaque tems.
(1) Andante.
N°105.
Allegretto assai
N°106.

(*) Voyez, édition in 8°, page 56.

(1) Cette Leçon, qui est la même que la précédente, n'offrirait plus de difficultés aux jeunes élèves qu'autant qu'on donnerait beaucoup plus de vitesse à son mouvement; je recommande donc aux Professeurs de donner un mouvement très modéré à toutes les Leçons de cet ouvrage, qui présenteraient quelque apparence de difficultés, et même, selon la circonstance, de les passer pour y revenir plus tard.

Mouvement de Contredanse.
Fin.
Fin.
N.º 107
D.C.
D.C.
(G _ 180)

Allegro moderato.
dol.
N.º 102.
G _ 1801

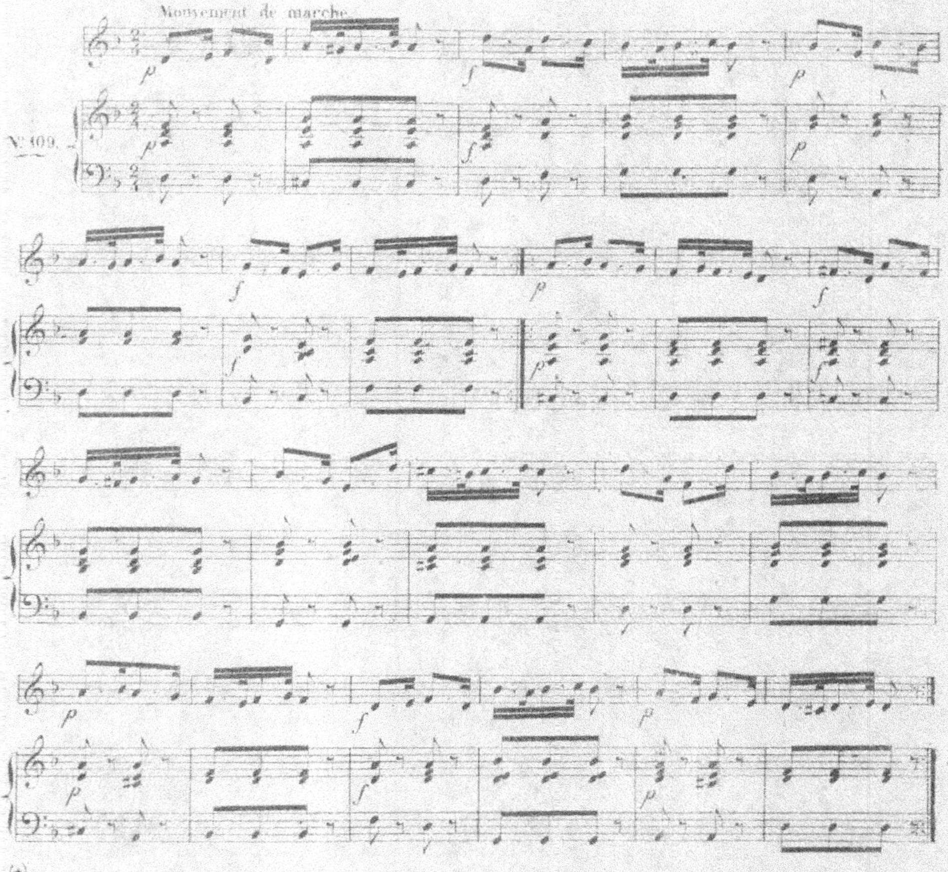
Mouvement de marche
N° 109.
p
f
p
f
p
f
p
f
p
f
p
f

(*) Quelquefois, au lieu de commencer au frapper de la mesure, un morceau commence au second ou au troisième ou au quatrième tems.

Leçon qui commence au troisième ou au second tems de la mesure, selon qu'on la bat à quatre tems ou à deux tems.

Allegretto
C ou 2
N° 110.
p
mez f

(a) Voyez, édition in 8° page 58.

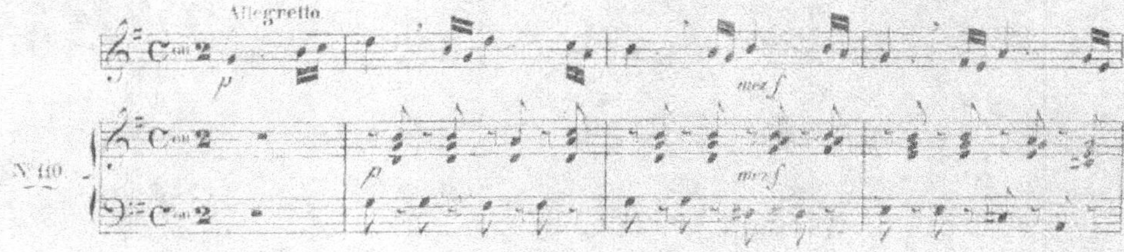

Allegretto.
N.º 91.
Inverse de la 1.re reprise.
Récapitulation des doubles Croches depuis le N.º 103.
Andante.
N.º 92.

Avec deux *Dièzes* à la clef, *Fa, Do,* en RE majeur.

RONDOLETTO

(*) MESURE A SIX HUIT.

La Mesure *Simple* à $\frac{2}{4}$ usitée dans les Leçons précédentes produit la Mesure *composée* à $\frac{6}{8}$. Elle se bat aussi à 2 tems, et elle n'en diffère que par un point ajouté aux Blanches et aux Noires, ce qui cependant n'aug- mente pas la valeur qu'elles ont dans la Mesure à $\frac{2}{4}$.

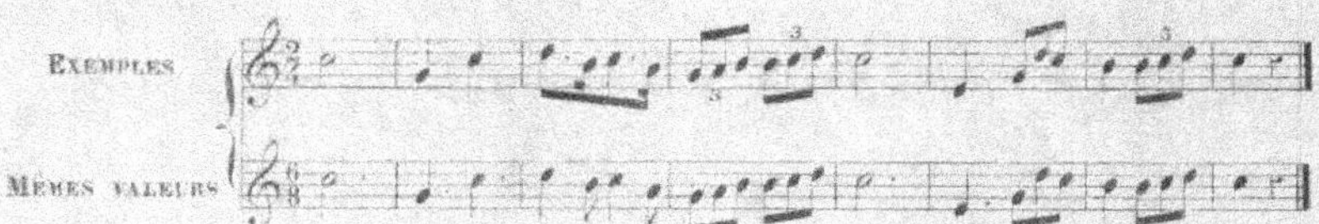

La Mesure à $\frac{6}{8}$ contient donc six huitièmes de la Ronde, c'est à dire six croches. Le N.° 114 est absolu- ment le même à l'oreille que le N.° 115, quoique cependant le rhythme de la 3.me mesure

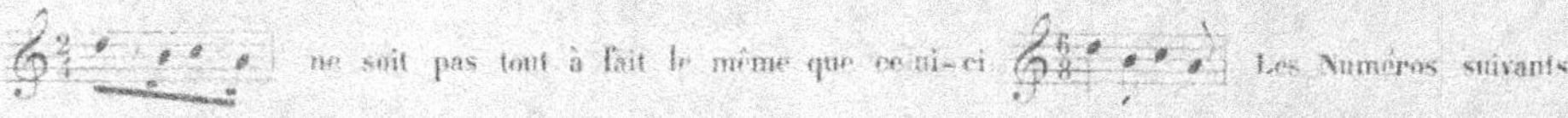

ne soit pas tout à fait le même que celui-ci  Les Numéros suivants

feront connaître le rhythme et les principales combinaisons des valeurs de la Mesure à $\frac{6}{8}$.

RONDOLETTO

74

DIVERSES COMBINAISONS de *valeurs de Notes* dans la mesure à **SIX HUIT**. Une Noire pointée pour chaque tems.

Trois Croches pour chaque tems.

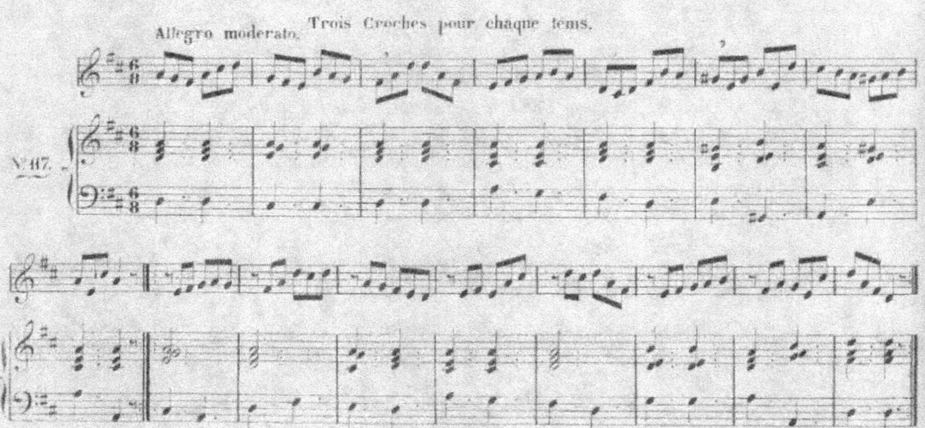

Une Noire et une Croche pour chaque tems.
Moderato.
N.º 118.
Une Noire et deux doubles Croches pour chaque tems.
Moderato.
Fin. Inverse de la 1.re reprise.
Fin.
N.º 119.

Récapitulation de la Mesure à $\frac{6}{8}$, depuis le N.º 115.

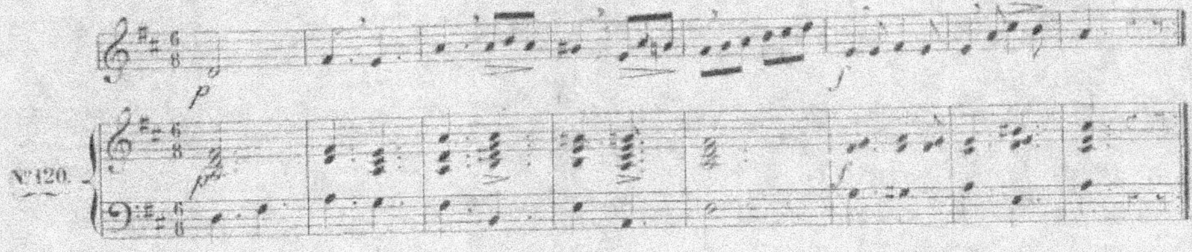

Gamme en SI mineur, ton relatif de RE majeur.

Leçon en SI mineur avec des intonations dispositives.

(*) Voyez, édition in 8.º page 64.

(G _ 180)

dol
dol
Imitations au chant des valeurs indiquées précédemment par la Basse.
Andantino siciliano
N°22.
p
cres.
cres.
f
f
dol
dol

2.me Récapitulation de la Mesure à 6/8.
Andantino.
N.º 123.
Gamme de SI Bémol majeur.
(*) Avec deux Bémols à la clef: SI, MI, en SI bémol majeur
Tonique.
Tierce majeure.
Quarte juste.
Note sensible.
Octave.
Idem en descendant.
Accord parfait de SI bém.l
Deux tons.
demi ton.
demi ton.
Demi-ton.
Leçon en SI Bémol majeur, avec des intonations dispositives.
All.º non troppo.
mez f
N.º 124.
mez f

(∗) MESURE A TROIS TEMS.

La mesure à **TROIS TEMS** s'indique aussi très souvent comme mesure à **TROIS QUATRE**, parcequ'el_
le contient trois quarts de la Ronde, c'est-à-dire, trois Noires. Les valeurs et la manière de battre
la mesure en sont les mêmes. Je ferai seulement remarquer qu'il est d'usage de l'indiquer par un 3
dans les mouvements lents, et par 3/4 dans les mouvemens vifs. Leurs principales valeurs sont une Blan_
che pointée pour la mesure entière, ou une Blanche et une Noire, ou trois Noires, ou six croches, &.

Voyez, édition in 8.º Page 66.

Diverses combinaisons de valeurs de Notes et de Silences dans la MESURE A TROIS TEMS.

Une Blanche pointée pour la mesure entière.

Une Noire pour chaque tems
Andante con moto.
N° 128.
Deux Croches pour chaque tems.
Une Noire pointée et une Croche pour les deux premiers tems de la mesure.
8 Andante con moto
mez f
N° 129
mez f
Fin.
Fin.
D.C.

Un Triolet de Croches pour chaque tems.
And.te grazioso
dol.
mez f
N.o 130.
dol.
mez f
dol.
mez f
p
p
f
p

RÉCAPITULATION de la mesure à trois tems, depuis le N° 125

GAMME en SOL Mineur, ton relatif de Si Majeur.

Andante mosso
Nº 133.
p
mez. f
p
Nº 134.
And.te con moto.
p
mezf
mezf

N.º 135.

PIANO.

Allegretto.
fin.
fin.
ritard.
ritard.
a tempo.
a tempo.
dol.
cres.
rinf.
cres.
cres.
D.C.
D.C.

2.ᵐᵉ Récapitulation de la Mesure à trois tems, depuis le N.° 125.

(*) DES NOTES D'AGRÉMENT.

Elles appartiennent plutôt aux études de VOCALISATION et de CHANT qu'à celles des SOLFEGES. Ce sont de *petites notes*, dites *Notes de goût*, qu'on ajoute aux valeurs ordinaires de la Mesure, dont elles ne font jamais partie. Elles n'appartiennent pas à l'Harmonie, mais seulement à la Mélodie. On ne les nomme point en solfiant, il faut en chanter les intonations par le nom de la grosse note qui les suit. Elles sont de trois principales espèces.

1.° *L'appogiature*, qui vaut la moitié de la grosse note.

2.° Le *Grupetto*, dont les trois petites notes forment toujours une tierce mineure ou diminuée.

3.° *Trille* ou battement alternatif avec la note supérieure.

*) Voyez édition in 8.° page 71.

Leçon sur les APPOGIATURES, sur les GRUPETTI de diverses espèces, et sur le TRILLE.
Adagio cantabile.
Manière de chiffrer.
Signe des agrémens.
dol.
dol.
N.º 137.
SI
DO
LA
LA DO LA SOL
SOL
Fin
SI SI
Fin
mez f
mez f
SI SOL
RE
SI
SOL.
LA.
MI
Point d'orgue dont les valeurs ne sont point comprises dans la mesure.
Alors on nomme toutes les notes.
D.C.

Avec trois *Dièzes* à la clef, *Fa, Do, Sol,* en La majeur.

RONDOLETTO.

Andante grazioso.
p dol.
f
N° 139.
p
f
p
P
f
cres
cres.
f
p
p
N° 140.
Andtte con moto.
p
mez f
mez f

(*) Réduction de la Leçon précédente pour faire connaître la Mesure à **TROIS HUIT**. Cette Mesure se nom _ me ainsi, parce qu'elle contient trois huitièmes de la Ronde: c'est à dire, **trois Croches**, dont une pour chaque tems. C'est donc une moitié de Mesure à **SIX HUIT**, qui se bat à trois tems. Les principales valeurs sont, pour la mesure entière, une Noire pointée, ou une Noire et une Croche, ou trois Croches, ou six doubles Croches, & &.

MESURE À TROIS HUIT.

Mouvt de Walze
No. 142
p
p
Fin.
p
Fin.
p
D.C
D.C
Andantino grazioso
dol.
dol.
No. 143
cres.
cres.

GAMME en FA Dièze mineur, ton relatif de LA majeur.

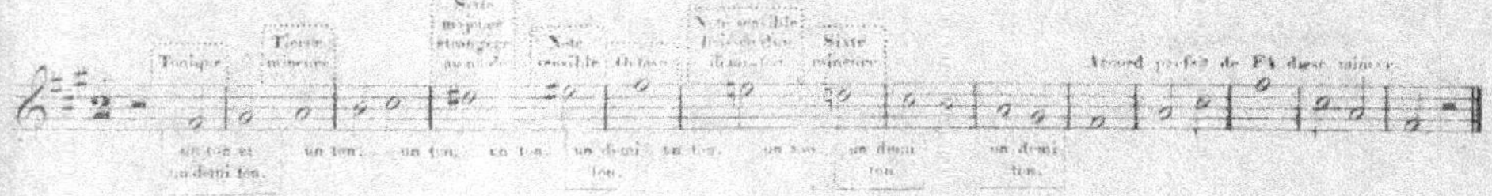

Leçon en FA Dièze mineur avec des intonations dispositives.

Larghetto.

94
cres.
cres.
f
p
f
p
Allegretto
p
p
N. 145.
G. 1804

cres.
cres.
p
p
p

Avec trois Bémols à la clef, Si, Mi, La, en Mi bémol majeur.
Tonique
Tierce majeure
Quinte
Note sensible
Demi en descendant.
Accord parfait de Mi bémol
demi-ton
demi-ton
demi-ton
Leçon en Mi Bémol majeur avec des intonations dispositives.
Andante.
mez f
mez f
N.° 146.
dol.
cresc.
dol.
dol.
f
f
f

Tempo di marcia
N° 147.
Tempo di Polacca
N° 148.
(G = 120)

98
Fin.
Fin.
a piacere.
D.C.
(6 _ 180)

Gamme en DO mineur, ton relatif de MI ♭ majeur.

Leçon en DO *mineur* avec des intonations dispositives.

Mouv.t de Valse.
N.º 150
p
f
dol.
cres.
cres.
f
p
f
f
f
p
p
p
f
p
(G _ 180)

RONDOLETTO.
Allegretto
N° 151.
a Tempo
ritard.

Tempo di Marcia
N.º 152.
f
Fin MAJEUR
p
Fin MAJEUR
p

N° 153.
Andantino cantabile.
dol.
D.C.
(G _ 180)

ritard. a tempo
colla voce, p a tempo.
cres.

IMITATIONS DANS LA MÉLODIE.

Dans l'étude de l'HARMONIE, on appelle *Imitation* la répétition d'une phrase ou d'un trait de chant soit en le reproduisant avec exactitude dans une autre partie, soit en imitant seulement leur dessin ou valeur de notes. Dans la MÉLODIE, il se trouve aussi de fréquentes imitations, qui sont une espèce de réponse à un premier membre de phrase musicale, et qu'on devine souvent après avoir entendu celui-ci, parce qu'elles en forment une conséquence ou un développement naturel. (1)

Dans le cours des études de SOLFÉGES, il est important que le Professeur fasse observer à l'élève, d'une manière raisonnée, toutes les phrases dans lesquelles se trouveront ces imitations de Mélodie. Les réflexions qu'il lui fera faire, à cet égard, développeront son intelligence musicale, et accéléreront ses progrès, comme lecteur: car, dans la rapidité de la lecture vocale ou instrumentale, il y a beaucoup de passages qu'on n'a pas le tems d'analiser, et qu'il faut lire d'instinct, en les devinant en quelque sorte.

(1) Voyez, pour de plus longs détails, HARMONIE RENDUE FACILE, ou *Théorie pratique de cette science*, par V. DE GARAUDÉ (op. 44 prix 30f)

(1) Le mot de *Triples-croches* effraie à tort les jeunes Élèves, car leur difficulté ne pourrait provenir que de leur grande vitesse; or, dans cette Leçon, dont le style exige le mouvement *Lento*, la vitesse des Triples croches est moindre que celle des croches simples, dans un mouvement *Allegro*.

(N. B.) Dans la 6.me Édition, on trouvera des SOLFÉGES à 4 ou 5 *Dièzes* ou *Bémols*, qui eussent été déplacés dans cet ouvrage.

MESURE À DOUZE HUIT.

Cette mesure composée se nomme ainsi, parcequ'elle contient douze huitièmes de la Ronde, c'est-à-dire douze Croches. C'est, quant aux valeurs une réduction de moitié de la mesure à douze quatre.

On peut aussi la considérer comme une double mesure à six huit, que cependant on bat à quatre tems. Il faut donc, pour chaque tems, une Noire pointée, ou trois Croches, ou six Doubles Croches.

IMITATIONS,

indiquant à la Basse les principales valeurs de cette mesure.

Allegro moderato.
N.° 137
p
p
mf
mf
rinf

MESURE À NEUF HUIT

Cette mesure composée se nomme ainsi parcequ'elle contient neuf huitièmes de la Ronde, c'est-à-dire neuf Croches. Elle se bat à trois tems. Il faut observer que chaque tems de cette mesure est exactement semblable à un tems de la mesure à six huit, donc il faut, comme dans celle ci, pour chacun de ces tems une Noire pointée, ou une Noire et une Croche, ou trois Croches, ou six doubles Croches.

(1) On trouvera une grande quantité de leçons plus difficiles sur *la clef de SOL*, dans la première et seconde partie des **SOLFEGES** d'A. DE GARAUDÉ, Op. 27, 6me Édition. On ne peut surtout que recommander ici l'étude des 84 **SOLFEGES PROGRESSIFS** *à deux voix égales*, avec Piano, Op. 11, du même auteur. (Prix 30 fr. ou 10 fr. en format in 8°, sans accompagnement, pour les classes nombreuses.) Les intonations en sont peu élevées, et le plan, ainsi que les détails de ces **SOLFEGES** sont une *récapitulation extrêmement utile* de tout ce qu'on enseigne le **SOLFEGES DES ENFANS**, et les fortifier dans la *Lecture Musicale*. La Mélodie et le style de la dernière moitié de ces **SOLFEGES À DEUX VOIX** développeront davantage leur intelligence musicale, en les accoutumant d'ailleurs à entendre une autre voix ou partie différente se marier à celle qu'ils chantent.

DE LA CLEF DE FA SUR LA QUATRIÈME LIGNE.

Les chants ou Basses écrits sur cette clef sont, relativement à leur effet, d'une Octave plus basse que s'ils étaient écrits sur la clef de Sol.

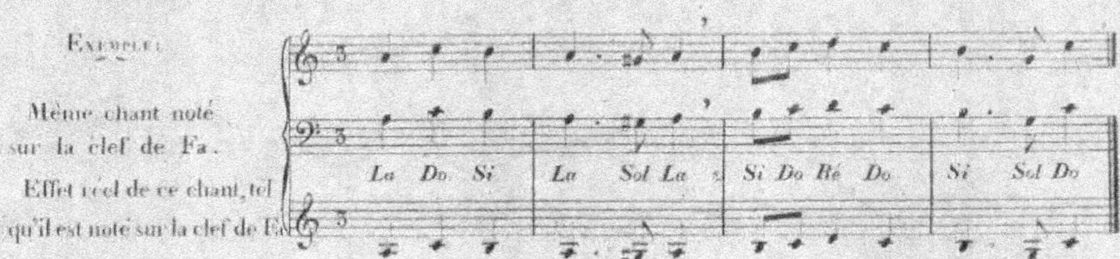

On voit aussi, par cet exemple, que le nom des Notes, sur la clef de Fa, est le même que celui des Notes de la clef de Sol, une Tierce au dessus; ainsi, le *Do* en clef de Sol, devient un *Mi* en clef de Fa, le *Ré* devient un *Fa*, etc. etc. Pour la plus grande facilité de l'Élève, je suivrai, pour tous les Exercices de lecture de cette clef, la Méthode déjà employée pour faire connaître les Notes de la clef de Sol.

Les cinq Notes placées sur les cinq lignes sont:

Exercice sur ces cinq Notes.

Les quatre Notes placées dans les quatre interlignes sont:

Exercice sur ces quatre Notes.

Exercice sur les neuf Notes placées sur les 5 lignes et dans les 4 interlignes.

Les cinq Notes placées au dessous de la portée sont:
Fa Mi Ré Do Si
Exercice sur ces cinq Notes.
Les cinq Notes placées au dessus de la portée sont:
Si Do Ré Mi Fa
Exercice sur ces cinq Notes.
Exercice pour bien connaître tou_tes les notes de la clef de Fa.
Leçon pour apprendre à nommer les Notes de la clef de Fa sur la quatrième ligne.
Andante.
mf
N.º 159.
mf

Andante.
p
N.º 160.
p
f
p
p
p
p
(G. 186.)

AIR DE CHASSE.
Allegro.
N° 164.
(G. 180.)

mf
mf
p
p
cresc.
cresc.
f
f
rinf.
p
p
p
pp
p
pp

117
ff
ff
p
ff
p
p
ff
p
ff
ff
p
ff
ff
Mouvement de valse.
ff
ff
p
p
p
p
f
N.º 162.
p
p
p
f
(G. 180.)

118
Fin.
p
Mineur.
D.C.
Tempo di marcia
N.º 163.
Fin.

rallenté
D.C.
Mouvement de Contredanse.
N.° 64.
Fin.
Fin.
Mineur.
D.C.
D.C.
D.C.
D.C.

Cantabile.
p
No 165.
p
mf
f
p
mf
f
(G. 1801.)

(1) Voyez, pour de nombreuses Leçons sur la *Clef de FA*, la METHODE DE MUSIQUE ou SOLFEGES écrite entièrement sur la Clef de Fa, 4.me ligne, avec accompagnement de Piano, Op. 38, par A. DE GARAUDE, Prix 30.^{fr}

Dans la *Seconde partie* des SOLFEGES Op. 27, 6.me Edition du même auteur, on trouvera des moyens faciles d'apprendre les quatre Clefs de DO et celle de FA sur la 3.me ligne, ainsi que de nombreuses Leçons de SOLFEGES sur toutes les Clefs. Cette 2.e partie est terminée par des Leçons à trois et quatre voix.

De la *MANIÈRE D'ÉCRIRE LA MUSIQUE*, ou de la *DICTÉE MUSICALE*.

On nomme ainsi l'art de savoir noter un morceau de musique qu'on entend, ou qu'on se souvient d'avoir entendu, ou que l'on compose de ses propres idées.

Dans la plupart des ECOLES DE MUSIQUE ou réunions d'élèves, sous diverses dénominations nouvelles, on cherche à *faire écrire la musique sous la dictée*, dès les premières Leçons qu'on y reçoit. Ce système est très vicieux, en ce qu'il crée, inutilement pour l'Elève, de nombreuses et grandes difficultés à surmonter, à une époque où il ne possède encore aucune connaissance réelle des principes de la musique, et où son oreille n'est nullement exercée par l'étude habituelle de SOLFEGES écrits avec une progression régulière et méthodique. Ce dernier mode d'enseignement est le seul qui puisse développer peu à peu son intelligence musicale, et le conduire graduellement à bien comprendre et à bien lire la musique.

Dès qu'on aura obtenu ce résultat important, (et pour peu que l'élève ait des dispositions, il doit avoir atteint ce but lorsqu'il aura terminé l'étude des deux tiers ou de la totalité de ces SOLFEGES) l'art d'écrire la musique, soit d'après ses propres inspirations, soit sous la dictée du Maître, ne sera plus pour lui qu'un jeu facile.

La preuve de cette assertion, c'est que les deux tiers des Professeurs et des amateurs écrivent fort bien la musique, sans avoir jamais fait aucune espèce d'étude à cet égard, tandis qu'on rencontre beaucoup d'Elèves des Ecoles dites ENSEIGNEMENT MUTUEL, MÉLOPLASTE, &, qui, après plusieurs années des Leçons qu'ils y ont reçues, sont incapables de noter les phrases ou traits d'un air ou d'un morceau instrumental.

Une telle étude n'est donc nécessaire que pour les élèves dont l'organisation musicale est plus lente à se développer. Il faut alors *analyser de nouveau tout ce qui a rapport*, 1.º à la VALEUR DES NOTES, 2.º *à leur* INTONATION, *et en faire une application progressive à ce qu'on nomme* DICTÉE MUSICALE, dont la science ne consiste qu'en leur appréciation précise et spontanée. Cette étude se divise donc naturellement en *deux parties*, qui doivent être exercées séparément, dans l'ordre énoncé ci-dessus.

La première chose dont on doit s'occuper est de *savoir discerner dans quel ton, et dans quelle mesure est le morceau qu'on veut noter.*

Le fréquent usage que l'élève aura fait des diverses gammes et accords parfaits de chaque ton, qui se trouvent avant chaque première Leçon sur un ton nouveau, aura sans doute déjà formé son oreille à l'appréciation des notes principales d'une Gamme quelconque, c'est-à-dire, à en discerner la Tonique, la Tierce, la Quinte et la note sensible. Ce genre de difficulté sera donc aisément vaincu. L'élève choisira donc le ton majeur ou mineur le plus convenable à l'extension des phrases de ce morceau, de manière à ce qu'il ne soit écrit ni trop haut ni trop bas.

On reconnaîtra facilement quelle est la véritable mesure d'un morceau, en en essayant successivement les premières phrases sur les Mesures A DEUX TEMS et A TROIS TEMS. Les diverses périodes ou membres de ces phrases ne pouvant se terminer que sur les *tems forts* de la mesure, (indiqués page 40) leur mélodie régulière ou boiteuse fera discerner quelle est celle de ces deux mesures ou de leurs dérivées qui convient au morceau?

L'intelligence de la *valeur des Noirs* et du *rythme* d'un morceau est souvent un don de la nature. On remar_
que quelquefois que des enfans de quatre ans imitent sur le champ, avec la plus grande régularité, des com_
binaisons de valeurs très compliquées, qu'on leur fait entendre sur un tambour, tandis que tel fidèle habitué de
nos principaux Théâtres Lyriques bat constamment la mesure à contre tems. Il faut donc chercher à supplé_
er à ces dispositions naturelles, si elles manquent, ou il faut les cultiver, si elles existent, afin que l'Élève au_
quel on aurait indiqué les premiers tems d'un mouvement quelconque, vite ou lent, puisse continuer à les bat_
tre avec la parfaite régularité d'un Chronomètre.

Il est très important de commencer l'étude de la DICTÉE MUSICALE en cherchant à faire acquérir pro_
gressivement à l'Élève une connaissance précise et pratique de chaque espèce de *valeurs de Notes* et de *Silen_
ces,* avant de l'exercer sur *l'intonation des divers intervalles.* Ces deux genres de travail doivent être faits séparé_
ment et l'un après l'autre.

On doit d'abord s'occuper exclusivement de faire reconnaitre à l'Élève la durée d'une Ronde ou d'une Pau_
se, ensuite celle de la Blanche ou de la demi-pause, puis celle de la Noire ou du Soupir, a, a. Les sept exer_
cices ci-après feront atteindre ce but essentiel. Le maître les dictera, mesure par mesure, sur une seule into_
nation, en battant la mesure à quatre tems, et sans en désigner les valeurs autrement que par la durée de
leurs tems.

Les sept Exercices ci-dessus étant écrits par l'Élève, le Maître les lui dictera de nouveau, en battant la mesure à deux tems, afin de lui faire reconnaître les modifications que cette manière de diviser la mesure apporte aux diverses valeurs de Notes.

Ces valeurs étant bien comprises par l'Élève, on lui fera écrire, sous la dictée, les Exercices sur la Gamme de *DO*, Numéros 1 à 9. Ensuite, on pourra seulement alors s'occuper de familiariser son oreille avec l'intonation des intervalles naturels de *Seconde, Tierce, Quarte*, à en en faisant progressivement l'application aux valeurs de Notes qu'il connait déjà. A cet effet, le Maître prendra la page 13 et après les questions relatives au texte explicatif, il dictera en vocalisant (c'est à dire en chantant sur la Voyelle A, sans nommer les Notes) les Leçons N.º 10 à 22. Cette dictée, ainsi que toutes les suivantes, devra toujours être faite mesure par mesure, et en marquant chaque tems avec la main.

Alors, après les explications et questions relatives au *point d'accroissement*, on dictera l'Exercice ci-après, sur une seule intonation.

BLANCHES POINTÉES.

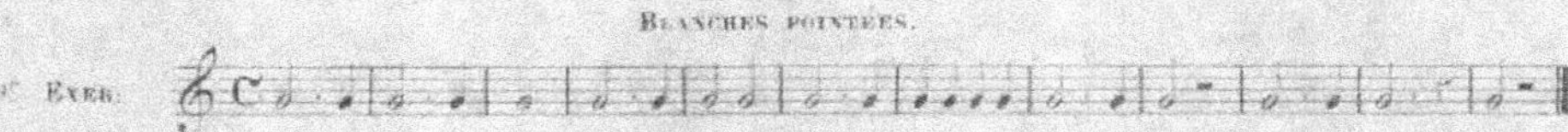

On dictera ensuite, en vocalisant, les Leçons N.º 23 et 24, puis les suivantes jusqu'au N.º 37, inclusivement.

L'appréciation parfaite des intervalles naturels étant la base fondamentale de l'art d'écrire la musique, il devient bien essentiel que l'Élève s'applique à écrire correctement toutes les Leçons indiquées précédemment, et même quelques autres du même genre, que le Maître lui dicterait, s'il éprouvait encore quelque difficulté à noter tel ou tel intervalle.

Après l'explication sommaire de l'effet du premier Dièze *Fa* et du premier Bécarre, le Maître dictera, en vocalisant, les Leçons N.º 38 et 39, page 24, sur l'intonation du premier Dièze et du premier Bécarre, ainsi que celle N.º 40.

Il dictera ensuite l'exercice suivant, sur une seule intonation.

Diverses combinaisons de CROCHES avec des RONDES, BLANCHES, NOIRES et des DEMI-PAUSES.

Cet Exercice écrit, on dictera, en vocalisant, les Leçons N.º 41 et 42, puis, on dictera, sur une seule intonation, l'Exercice suivant:

Autres Combinaisons de CROCHES avec des RONDES, BLANCHES, NOIRES et leurs Silences

On dictera ensuite, en vocalisant, toutes les autres Leçons, jusqu'au N° 62 inclusivement.

Après avoir expliqué ce qui concerne les INTERVALLES ALTÉRÉS, et les GAMMES CHROMATIQUES par les Dièzes et par les Bémols, Page 36 et 37, le Maître dictera en vocalisant, La Leçon N° 63 sur les Intervalles altérés, après avoir, toutefois, adressé à l'Élève toutes les questions qui concernent le RENVERSE _ MENT DES INTERVALLES.

Ici, le Professeur fera toutes les explications et questions relatives au mode Majeur et Mineur, et, pour en faire mieux sentir la différence, il choisira un vieil air quelconque dans le ton Majeur qui soit très connu, et il en chantera les premières mesures, successivement dans le mode majeur et dans le ton mineur, en faisant remarquer aux Élèves *que le seul changement de la Tierce en Majeure ou Mineure en forme la différence*. Il répétera le même genre d'exemple en chantant aussi les premières mesures d'un air très connu, dont le mode serait mineur, et ensuite, il les fera entendre de nouveau, dans le Mode majeur.

Puis, il fera écrire, sous la dictée, les deux exemples de cette page 39, sur la Gamme de *Do* majeur et sur celle de *La* mineur, en en faisant expliquer les différences.

Ensuite, on dictera les Leçons N° 64 et 65.

Après l'explication de la SYNCOPE, des tems forts et des tems faibles de la mesure, Page 40, dont le Maître dictera les exemples sur une seule intonation, il dictera de la même manière l'exercice ci-après.

Lorsque l'Élève aura écrit cet exercice, le Maître lui dictera, en vocalisant, les Leçons N° 66 et 67 Page 44.

Il dictera ensuite, sur une seule intonation, l'Exercice suivant.

Cet exercice doit être suivi de la dictée, en vocalisant, des Leçons N° 68 et 69.

Après avoir rappelé à l'Élève la différence qui existe entre les *Syncopes ordinaires* et les *Syncopes brisées*, le Professeur dictera la Leçon N° 71.

La manière de connaître le ton d'un morceau de Musique est expliquée fort clairement, page 44. Le Professeur y ajoutera les exemples et questions qu'il jugera nécessaires, selon le degré d'intelligence de l'élève. Pour s'assurer d'avoir été parfaitement compris, il prendra, au hasard, une quantité de morceaux de musique quelconques, écrits successivement dans le mode majeur et dans le mode mineur.

Je pourrais continuer à faire ainsi l'application de cette Méthode de Dictée à tous les autres Numéros de ces SOLFÉGES, mais ce serait grossir inutilement ce chapitre, et faire injure à l'intelligence des Professeurs. Ceux-ci pourront prolonger cette étude aussi long-tems qu'ils la jugeront nécessaire, en continuant l'analise et la dictée des Leçons suivantes, selon le même système d'enseignement. Ils observeront avec soin de faire toujours précéder la dictée vocalisée de Leçons qui offriraient de nouvelles combinaisons de valeurs, par un exercice sur une seule intonation, dans le genre des précédens, sur la réunion progressive de ces diverses valeurs, dont l'élève n'a pas encore acquis l'habitude. Il est aussi très utile d'exercer fréquemment les élèves à composer eux-mêmes beaucoup de mesures avec toutes les diverses espèces de combinaisons de valeurs de notes, sur une seule intonation. Cet exercice doit être fait successivement sur chaque espèce de mesure à 2 à 3 et à 4 tems, et il faut indiquer la séparation de chaque tems par un signe quelconque.

CATALOGUE ANALYTIQUE DES OUVRAGES CLASSIQUES
pour L'ENSEIGNEMENT MUSICAL
en usage dans les CONSERVATOIRES DE FRANCE, D'ITALIE, DE BELGIQUE, &.
par ALEXIS DE GARAUDÉ

Membre des Conservatoires de France et d'Italie, de l'Académie R^{ale} de Nancy, &
et qui se trouvent à Paris, chez l'Auteur, passage Colbert, et chez les Marchands de Musique.